"A inteligência emocional é uma habilidade extremamente importante para se obter sucesso pessoal e profissional. Este livro é excelente."

– Ken Blanchard, co-autor de *O gerente minuto*

"Se você quer saber por que sua carreira está em declínio ou estagnada, ou se simplesmente deseja seguir o caminho mais rápido para atingir o próximo nível, a leitura deste livro é fundamental."

– Lois P. Frankel, P.h.D., autora de *Mulheres ousadas chegam mais longe*

"Distribuí *Desenvolva a sua inteligência emocional* entre os membros da minha equipe. Trata-se de uma ferramenta muito útil para lidar com nossas relações interpessoais e com nossos clientes. Se você deseja ser um líder confiável, encontrará neste livro uma oportunidade de mudar sua carreira profissional, assim como seus relacionamentos."

– Regina Sacha, vice-presidente de Recursos Humanos da Fedex

"Atualmente, no mundo agitado dos negócios, as pessoas passam mais tempo trocando e-mails e participando de videoconferências do que interagindo umas com as outras. Nessa crescente e intrincada rede, o papel da inteligência emocional tem uma relevância sem precedentes."

– Rajeev Peshawaria, diretor da Goldman Sachs International

DESENVOLVA A SUA INTELIGÊNCIA EMOCIONAL

Travis Bradberry, Ph.D.
e Jean Greaves, Ph.D.

Tudo o que você precisa saber para aumentar o seu Q.E.

SEXTANTE

TRADUÇÃO: Marisa Motta
PREPARO DE ORIGINAIS: Débora Chaves
REVISÃO: Lara Alves, Sérgio Bellinello Soares e Tereza da Rocha
PROJETO GRÁFICO E DIAGRAMAÇÃO: Marcia Raed
CAPA: Miriam Lerner
PRÉ-IMPRESSÃO: ô de casa
IMPRESSÃO E ACABAMENTO: Lis Gráfica e Editora Ltda.

CIP-BRASIL. CATALOGAÇÃO-NA-FONTE
SINDICATO NACIONAL DOS EDITORES DE LIVROS, RJ

B79d Bradberry, Travis
Desenvolva a sua inteligência emocional: tudo o que você precisa saber para aumentar o seu Q.E. / Travis Bradberry e Jean Greaves; tradução de Marisa Motta. – Rio de Janeiro: Sextante, 2007.

Tradução de: The emotional intelligence quick book
ISBN 978-85-7542-278-6

1. Inteligência emocional. I. Greaves, Jean. II. Título.

07-0711 CDD 152.4
CDU 159.964

GMT Editores Ltda.
Rua Voluntários da Pátria, 45/1.404 – Botafogo
22270-000 – Rio de Janeiro – RJ
Tel.: (21) 2286-9944 – Fax: (21) 2286-9244
E-mail: atendimento@esextante.com.br
www.sextante.com.br

Dedicamos este livro a E. L. Thorndike,
que anteviu em quase um século a necessidade
de mostrar ao mundo que existe algo mais que o Q.I.

Sumário

Uma *breve* nota dos autores

Quando se descreve o perfil de inteligência emocional de mais de meio milhão de pessoas, descobre-se uma formidável diversidade de informações demonstrando a existência de várias tendências. Conforme nos aprofundávamos no assunto, aos poucos surgiu a idéia de fazer um livro sobre o método de classificação que desenvolvemos. No início, as pessoas nos censuraram por escrever sobre um tema tão explorado, mas nossa intenção era mostrar que a inteligência emocional é uma parte poderosa de nosso cotidiano e pode nos trazer inúmeros benefícios.

Criamos ainda um teste de avaliação do quociente de inteligência emocional. Ele pode servir de base para você descobrir o estágio em que se encontra e qual deve ser sua meta se decidir aplicar as aptidões de inteligência emocional descritas neste livro. Com o conhecimento e o enfoque corretos, esse tipo de habilidade pode ser aprendido rapidamente e trazer resultados significativos.

Desenvolva a sua inteligência emocional cumpre o desafio de fornecer uma breve visão da inteligência emocional em um formato fácil e prático de ser utilizado. Embora o livro traga uma abordagem resumida do assunto, o impacto desse aprendizado será intenso e poderá mudar sua vida. Aproveite sua jornada.

Afetuosamente, Travis e Jean.

San Diego, Califórnia

Prefácio

Educação, experiência, conhecimento ou vigor intelectual. Nada disso explica a razão pela qual uma pessoa obtém sucesso e outra não. Existe algo além, algo que atua nos bastidores e que ninguém consegue identificar. Vemos exemplos disso todos os dias em nosso trabalho, em casa, na igreja, na escola e em nossa vizinhança: pessoas brilhantes e bem-educadas vivendo situações difíceis enquanto outras, com menos qualidades ou atributos, prosperam. E nos perguntamos: por quê?

A resposta recai quase sempre no conceito chamado inteligência emocional. Ao mesmo tempo que é mais difícil vivenciá-lo, identificá-lo e medi-lo do que o Q.I., seu poder não pode ser negado. As pessoas têm discutido o assunto, mas, por alguma razão, não são capazes de avaliar o seu Q.E. A sociedade, o mundo em que vivemos, nos incentiva a usar grande parte de nossa energia na busca do auto-aperfeiçoamento, do conhecimento, da experiência, da inteligência e da educação – o que seria ótimo caso pudéssemos compreender realmente nossas emoções, sem mencionar as emoções alheias, e perceber como elas influenciam diariamente nossas vidas.

Creio que esse descompasso entre o conhecimento do potencial da inteligência emocional e sua aplicação tem duas razões. Primeiro, o fato de que as pessoas confundem inteligência emocional com uma forma de carisma ou de sociabilidade. Em segundo lugar, o fato de não perceberem que ela pode ser aperfeiçoada. Ou seja, existe uma visão dicotômica: ou bem você é inteligente emocionalmente ou não é.

Essa é a razão pela qual este livro é tão útil. Ao compreender o sentido real da inteligência emocional e como utilizá-la para progredir em nossas vidas, nos tornamos capazes de estimular toda a inteligência, a educação e a experiência que acumulamos ao longo do tempo. Isso pode mudar drasticamente sua maneira de encarar o sucesso. Talvez você fique tentado a lê-lo duas vezes.

PATRICK LENCIONI
consultor na área de liderança
e autor de *Os 5 desafios das equipes*

PARTE I

O QUE É REALMENTE INTELIGÊNCIA EMOCIONAL?

Capítulo 1

A DESCOBERTA

PHINEAS GAGE

um acidente revela os segredos da inteligência emocional

"O ferimento causou a destruição da harmonia entre suas faculdades mentais e os instintos animais. Sua recuperação física foi completa, mas ele se tornou caprichoso, irreverente, impaciente, hesitante... perdera seu equilíbrio mental."

DR. JOHN HARLOW

Fazia frio e o tempo estava úmido no último dia de trabalho de Phineas Gage. Ao esfregar as mãos nos bolsos de sua jaqueta, ele contemplou os desafios que a construção da ferrovia Burlington Railroad, em Vermont, apresentava. Nos 18 meses em que trabalhou como supervisor, sua equipe fizera um progresso considerável, mas o terreno a conquistar agora era rochoso e árduo. A luz do alvorecer mal iluminava o caminho para o local da obra, mas o barulho distante dos martelos em seqüência indicava que sua equipe já começara a trabalhar mesmo antes do primeiro apito. Phineas não resistiu e esboçou um sorriso. Ele tinha a reputação de ser o supervisor mais eficiente e capacitado da empresa.

Sua disciplina e sua paixão pelo trabalho eram a garantia de que os prazos seriam cumpridos, e sua gentileza no trato social o convertera em uma pessoa querida entre os homens que supervisionava. Phineas gostava de se ver como um "empreendedor astuto e perspicaz, como um homem devotado à família e aos amigos" – ou seja, que evitava freqüentar a atraente baderna do bar local.

O dia correra com a eficiência habitual. Metro a metro, Phineas e sua equipe abriam trilhas no terreno acidentado. Quando olhou seu relógio, às 16h30, percebeu que havia conseguido assentar cerca de 1km de trilhos. Com habilidade, Phineas colocou a carga de explosivos no buraco e pediu que seu assistente cobrisse o local de areia, para evitar que a pólvora explodisse enquanto ele a comprimia com o bastão. Nesse momento, um barulho estridente chamou sua atenção. Era o restante da equipe transferindo um grande volume de pedras para uma plataforma com um guindaste. Phineas deu um breve suspiro lamentando o contratempo e pôs a barra de ferro no local previsto, sem perceber que seu assistente também se distraíra e não pusera a camada de areia de segurança.

O contato da barra de ferro com o artefato provocou uma descarga elétrica, detonando uma brutal explosão. A barra de ferro que Phineas segurava foi arremessada como um foguete em direção ao seu rosto, na altura do olho esquerdo, até cair nos arbustos alguns metros adiante. O corpo de Phineas projetou-se para trás com o impacto e ele ficou lá, caído, se contorcendo. O desejo de gritar era imenso, mas um leve sopro de ar foi tudo o que conseguiu tirar de seus pulmões. Ele sentia a ferida abaixo de seu olho produzida pela barra de ferro de 6kg, com 2,5cm de diâmetro e mais de um metro de comprimento, mas não tinha consciência do enorme buraco na cabeça provocado pelo choque.

Sua equipe correu para socorrê-lo. Todos riram desconcertados quando Phineas disse entre gemidos: "Creio que vou precisar dos cuidados do Dr. Harlow."[1] Seu senso de humor e o de liderança ainda estavam intactos, pois, já sentado ereto na carroça que o levaria à cidade, ele pediu que lhe entregassem o livro de ocorrências. Como crianças vendo um pai realizando um feito hercúleo, os trabalhadores, atônitos, respeitosamente observaram a partida de Phineas.

Quando o médico pediu mais informação à sua equipe, o próprio Phineas explicou o que acontecera: "A barra de ferro penetrou em minha cabeça até o topo." Apesar de a parte frontal do cérebro ter sido removida como um pedaço de melão servido em um café da manhã, ele conseguia raciocinar e falar como antes do acidente. Depois de algumas semanas de tratamento intensivo, seus ferimentos curaram. Aparentemente, as seqüelas se resumiam a uma série de cicatrizes e à visão reduzida no olho esquerdo.

A rápida recuperação de Phineas entusiasmou todo mundo, mas logo a família e os amigos perceberam que algo tinha

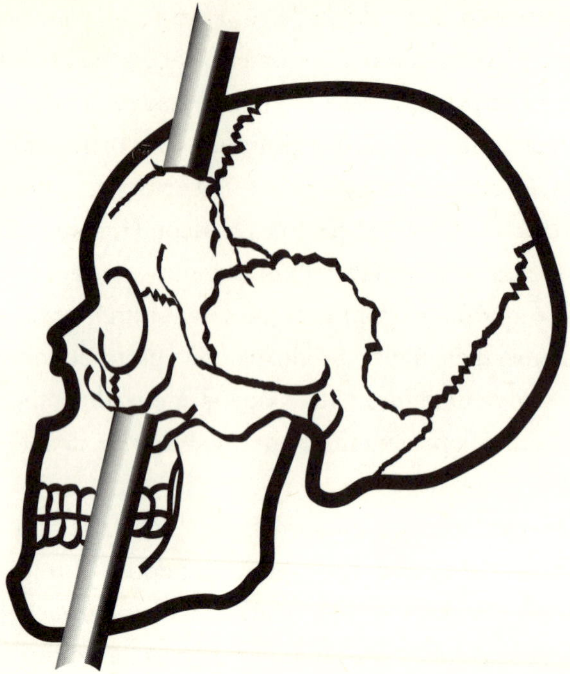

Trajetória da barra de ferro que perfurou o crânio de Phineas Gage no dia 13 de setembro de 1848, removendo toda a parte frontal de seu cérebro. Seu crânio e o objeto perfurante ainda estão em exibição no Warren Anatomical Museum na Harvard Medical School, em Boston, Massachusetts.

mudado. Ele praguejava como um marinheiro e dava ordens contraditórias, de acordo com o seu humor. O homem que nunca chegava tarde ao trabalho e que era considerado o capataz mais competente da empresa agora se mostrava irracional. Acabou sendo despedido.

Durante os 11 anos que Phineas viveu após o acidente, seu comportamento se alterou de forma radical. Segundo o Dr.

Harlow, essa mudança só poderia ser explicada pela ausência de partes de seu cérebro. "Sua recuperação física foi completa, mas, ao remover a parte frontal de seu cérebro, a barra de ferro destruiu sua capacidade de controlar impulsos e emoções. O homem astuto, perspicaz, enérgico e dedicado ao trabalho ficou temperamental e errático." Em suma, Phineas havia perdido sua inteligência emocional.

Ele conseguia caminhar e falar normalmente, e tinha consciência dos fatos – de alguma forma, seu intelecto permanecera intacto, pois ele conseguia resolver problemas complicados de matemática e compreendia a logística da construção de ferrovias. O problema estava na falta de autocontrole e no comportamento instável. Quem não o conhecia pensava que essa era sua personalidade, porém os amigos antigos sabiam que ele não era assim. Depois do acidente, cada ímpeto e cada sensação pareciam gerar uma ação impulsiva que, com freqüência, tinha um efeito desastroso em sua vida.

O caminho entre o sentimento e a razão

O acidente de Phineas é mais do que um milagre ou uma história fascinante para ser contada em uma reunião social; ele continua sendo um fato surpreendente, pois ensina mais sobre o funcionamento do cérebro do que a mais moderna e sofisticada tecnologia. É verdade que já conseguimos mapear o cérebro e mostrar quais são as áreas que comandam os diferentes tipos de pensamento, mas nenhum instrumento mecânico conseguiu ainda reproduzir em laboratório o comportamento humano sem a parte frontal do cérebro.

Lidar de maneira eficaz com as emoções faz parte da condição humana. Ao contrário de Phineas depois do acidente, nós podemos escolher como reagir às emoções. O desafio é compreender como cada um de nós absorve as informações do mundo que nos cerca e de que forma isso acontece. Tudo o que vemos, cheiramos, escutamos, provamos e tocamos penetra em nosso corpo sob a forma de sinais elétricos. Esses sinais captados pelos cinco sentidos passam de célula para célula até atingirem seu destino, o cérebro. Se um mosquito pica sua perna, essa sensação chega ao seu cérebro antes que você perceba o animal.

As sensações entram no cérebro pela parte posterior, próxima à coluna vertebral, enquanto os fenômenos complexos e racionais ocorrem na parte oposta, na frente, exatamente na área que Phineas perdeu. Quando os sinais elétricos penetram em seu cérebro, eles precisam percorrê-lo todo antes que surja o seu primeiro pensamento lógico. A lacuna entre a percepção dos sentidos e a racionalização constitui um problema na medida em que entre as duas reações se encontra o sistema límbico. Essa é a área do cérebro onde as emoções são vivenciadas e é de lá que saem os sinais que geram uma reação emocional antes mesmo que os acontecimentos alcancem a parte frontal do cérebro. A comunicação entre as duas áreas é constante, mas uma não interrompe a emoção "sentida" pela outra. Esse processo é a fonte da inteligência emocional.

Ao ter removida toda a parte frontal do cérebro, Phineas desaprendeu a controlar suas emoções, nem mesmo conseguia entendê-las. Cada experiência provocava nele uma resposta emocional; as emoções o dominavam completamente. Era como se ele estivesse sendo perseguido por um tigre ou tentando salvar uma criança que está se afogando.

Nossos cérebros são programados para que nos tornemos criaturas emocionais. O fato de experimentarmos primeiro a resposta emocional diante de um fato significa que nossos sentimentos primários são fortes motivadores comportamentais. Algumas experiências resultam em emoções facilmente perceptíveis; em outros momentos as emoções podem parecer inexistentes. O sistema límbico assegura que os sentimentos sejam atuantes em cada faceta de nosso comportamento.

Bilhões de neurônios microscópicos delimitam o trajeto entre os centros emocionais e racionais do cérebro. As informações percorrem esse caminho tal como os carros circulam na cidade. Quando você utiliza a inteligência emocional, o tráfego flui bem em ambas as direções. O aumento do trânsito fortalece a conexão entre as áreas do cérebro, portanto, mantenha essa estrada sempre movimentada.

Quanto mais você reflete sobre seus sentimentos e os torna produtivos, mais o caminho se expande. Há quem tenha dificuldade em dirigir em uma estrada vicinal sem movimento, mas muitos se sentem aptos a enfrentar uma auto-estrada com cinco pistas. Um fluxo generoso de tráfego é o cerne de uma inteligência emocional elevada. Quando o tráfego diminui, a ineficiência predomina.

Por que as pessoas passam tanto tempo ignorando seus sentimentos ou sendo atropeladas por eles? A maioria dos lapsos de inteligência emocional resulta da incompreensão. O ideal é descobrir aptidões específicas que fomentem um comportamento "inteligente" diante de desafios. Afinal, aplicar a inteligência emocional no trabalho ou em casa não é mais uma questão de escolha. Para ser bem-sucedido e realizado é preciso aprender a maximizar essas aptidões porque são elas que propiciam uma mistura única que nos leva a alcançar os melhores resultados.

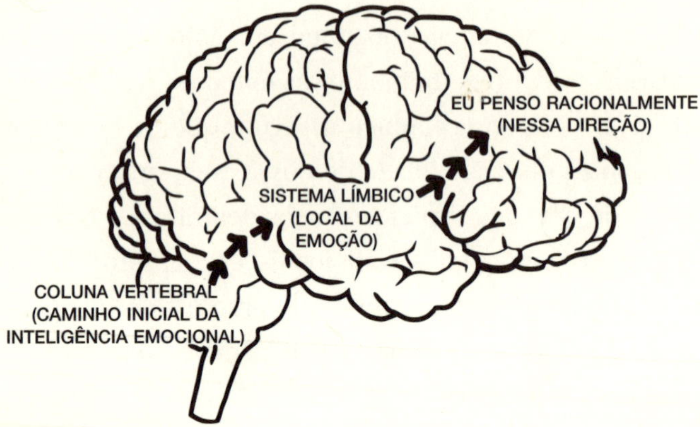

O processo da inteligência emocional tem início no cérebro, mais precisamente na coluna vertebral. Nossos sentidos primários penetram na parte posterior do cérebro e precisam alcançar a parte frontal para que possamos desenvolver um raciocínio lógico. O sistema límbico, onde nossas emoções são vivenciadas, é responsável pela primeira fase do processo. A inteligência emocional requer uma comunicação efetiva entre os centros emocionais e racionais do cérebro.

O OUTRO LADO DA INTELIGÊNCIA

como ela se manifesta?

"A descoberta consiste em ver o que as outras pessoas viram e pensar em algo que ninguém pensou."

ALBERT VON SZENT-GYORGYI

Era uma segunda-feira ensolarada em São Francisco quando Lily acordou e começou a se preparar para trabalhar. Enquanto lia o jornal e tomava o café da manhã, sua mente divagava sobre a sua carreira na Biotech Bay, empresa de biotecnologia onde trabalhou durante muitos anos. No início, o entusiasmo de criar remédios contra o câncer era a sua grande motivação, mas ao longo do tempo isso não era suficiente para mantê-la entusiasmada. Lily aspirava a uma oportunidade para aprimorar suas habilidades e realizar coisas novas, mas percebeu que era mínima sua chance de crescimento dentro da empresa.

Mas aquela ocasião era diferente: Lily estava se preparando para o seu primeiro dia de trabalho em uma nova companhia. Ela havia aceitado o convite de David, seu antigo chefe, para unir-se a ele em um novo empreendimento. Ele também deixara seu antigo emprego frustrado com o rumo que a empresa decidira seguir e a convenceu de que esse novo projeto seria o estímulo que faltava em suas vidas profissionais.

Seu primeiro ano na nova empresa se passou como um dia de férias em uma grande cidade. Foi excitante, intenso (mal sobrava tempo para executar tantas tarefas!), e ela voltava para casa exausta. Lily dirigia o laboratório que produzia novos remédios contra o câncer e com freqüência era convidada a participar de reuniões de diretoria para discutir os planos sobre novos experimentos. Ela se sentia privilegiada por participar dessas experiências.

No entanto, em meados do segundo ano, Lily começou a se sentir frustrada. Ocasionalmente, suas sugestões eram aceitas, mas em geral ela ficava relegada a ocupar-se de um laboratório que funcionava por si só. Os executivos faziam o trabalho mais importante, planejando os testes clínicos, mesmo quando ela sugeria soluções inovadoras para resolver falhas verificadas nos testes. Apesar do alto cargo, sentia-se desprestigiada; sua opinião não era mais levada em consideração.

Durante meses Lily permaneceu silenciosa, mas a situação piorou quando ela se deu conta de que estava tão descontente quanto antes. Chegara o momento de ser honesta com David. Tinha certeza de que possuía as aptidões necessárias para fazer mais do que dirigir um laboratório. Lily não queria mais passar seu tempo confinada ao laboratório, mas receava não haver uma posição que ela pudesse ocupar na empresa em crescimento. Durante a reunião com David, ficou tensa ao relatar seu crescente desagrado com as restrições a seu trabalho. Mencionou que gostava da empresa e que apreciava as oportunidades recebidas, porém nos últimos meses sentira que seu potencial de trabalho não estava sendo aproveitado. Lily fez uma pausa e disse que gostaria de ser transferida.

Sentado em sua cadeira, David a olhava com firmeza e em silêncio. Estava chocado e zangado com o que ouvira. Afinal, Lily tinha um bom cargo e um ótimo salário (o dobro do que ganhava no antigo emprego). Para quebrar o silêncio desconfortável, Lily pegou o relatório que estava em seu colo e começou a folheá-lo, destacando sua análise das falhas das experiências clínicas com os remédios produzidos pela empresa. Ofereceu sugestões para aperfeiçoar os testes e explicou que a companhia estava perdendo dinheiro em razão desses erros. Para concluir sua explanação, indicou os três pontos que levaram ao fracasso e como evitá-los. Notou que David estava impressionado.

Após outro torturante silêncio, ele disse que não imaginava que ela estivesse tão descontente com o trabalho. Lamentou que o crescimento do negócio o impedisse de ter encontros mais freqüentes com ela e disse que, apesar de o relatório ser impressionante, não poderia prometer nada. Cabia à equipe executiva decidir se ela deveria assumir a supervisão dos testes clínicos dos novos medicamentos da empresa.

Agora foi a vez de Lily ficar pensativa. Será que havia mesmo a possibilidade de um novo posto de supervisão dos testes clínicos? David apresentou a proposta de Lily ao resto da equipe executiva e teve sua sugestão de promoção aprovada, inicialmente em regime de experiência. Seis meses depois, graças à sua eficiência, Lily foi promovida a diretora e recebeu um aumento salarial. Ela se sentia extremamente gratificada por ter seguido os seus instintos e ter tido a ousadia de propor novos caminhos para sua carreira. Ironicamente, o momento da conversa que permaneceu em sua mente por anos foi um comentário de David dizendo-lhe que admirava sua coragem e sua determinação de encarar a situação de modo objetivo.

Ao rever essa experiência com um *executive coach*, detalhando as ações que adotara para obter resultados positivos, Lily percebeu que tirara vantagem das quatro aptidões de inteligência emocional: autoconsciência, autocontrole, consciência social e administração de relacionamentos. Esse modelo foi apresentado em 2002 por Daniel Goleman, Richard Boyatzis e Annie McKee no livro *O poder da inteligência emocional*.

As quatro aptidões da inteligência emocional podem ser usadas em conjunto ou de forma independente. Elas apreendem o lado da vida que os típicos "inteligentes" não conseguem assimilar desenvolvendo nossa capacidade de reconhecer e compreender as emoções, bem como a habilidade de usar essa percepção para guiar nosso comportamento e nossos relacionamentos. Lily usou a primeira habilidade – a autoconsciência – ao fazer uma reflexão objetiva sobre sua situação. Foi doloroso reconhecer que se sentia frustrada e limitada no novo trabalho, mas ao se conscientizar desse fato e refletir sobre os seus sentimentos, ela reuniu toda a informação necessária para mudar sua vida.

O passo seguinte foi baseado em sua percepção, essência da segunda aptidão da inteligência emocional: o autocontrole, que permite o desenvolvimento e a execução de um plano consistente. As noites sacrificadas para redigir o relatório, as dúvidas e a sensação de insegurança ao entrar no escritório de David foram os desafios que Lily precisou superar para controlar suas emoções e lidar com os sentimentos negativos que surgiram durante o processo. Ela manteve o foco e com isso atingiu seu objetivo.

Ao refletir sobre a possível reação de David, Lily praticou a terceira aptidão da inteligência emocional: a consciência social. Daí o relatório detalhado e com propostas claras para facilitar o entendimento de todas as suas idéias. A quarta aptidão – a administração de relacionamentos – fechou o processo, tendo por base as relações interpessoais para obter bons resultados.

Ao colocar em prática esses princípios de inteligência emocional, Lily demonstrou ter aprendido a identificar suas aptidões e a ressaltá-las no futuro.

AUTOCONSCIÊNCIA	AUTOCONTROLE
CONSCIÊNCIA SOCIAL	ADMINISTRAÇÃO DE RELACIONAMENTOS

Entre as quatro aptidões da inteligência emocional, a autoconsciência e o autocontrole referem-se mais ao eu, enquanto a consciência social e a administração de relacionamentos estão ligadas à sua interatividade com outras pessoas.

A inteligência emocional define nosso comportamento

As descrições sobre inteligência emocional são tão antigas quanto os relatos de comportamentos humanos. Tanto a Bíblia quanto os filósofos gregos, Shakespeare, Thomas Jefferson e a psicologia moderna vêem o aspecto emocional da razão como um elemento fundamental da natureza humana.[2] Pessoas que aperfeiçoam seu Q.E. têm mais chance de prosperar em situações em que outros fracassam. Apesar de definir nosso comportamento, a inteligência emocional continua sendo "algo" intangível para a grande maioria.

No início do século XX, surgiu um método para medir o quociente de inteligência (Q.I.) que permitia distinguir desempenhos médios de excelentes. Os cientistas logo descobriram as limitações dessa abordagem. Muitas pessoas eram incrivelmente inteligentes (em leitura, escrita e matemática), porém limitadas no que se refere a gerir seu comportamento e relacionar-se bem com os outros. Também registraram casos de pessoas com uma inteligência mediana que obtinham excelentes resultados na vida profissional.

E. L. Thorndike, professor da Universidade de Columbia, foi o primeiro a definir e nomear as aptidões da inteligência emocional. Ele criou a expressão "inteligência social", que refletia a habilidade de estabelecer bons relacionamentos. Só na década de 1980 surgiu o método para medir o quociente de inteligência emocional (Q.E.).[3] Pesquisas da Universidade de Yale mostraram que a inteligência emocional afeta a realização pessoal, a felicidade e o sucesso profissional.[4] Isso explica por que duas pessoas com o mesmo Q.I. atingem níveis de sucesso tão diferentes na vida.

Não existe conexão entre a inteligência intelectual e a emocional, começando pelo fato de que o Q.I. não é flexível – ele até pode ser afetado por um acidente cerebral, mas é fixado geneticamente. Já o Q.E. é uma aptidão que pode ser aprendida. A personalidade é a peça final nesse quebra-cabeça, pois é o "estilo" que nos define. A personalidade de uma pessoa é o

A PESSOA COMO UM TODO

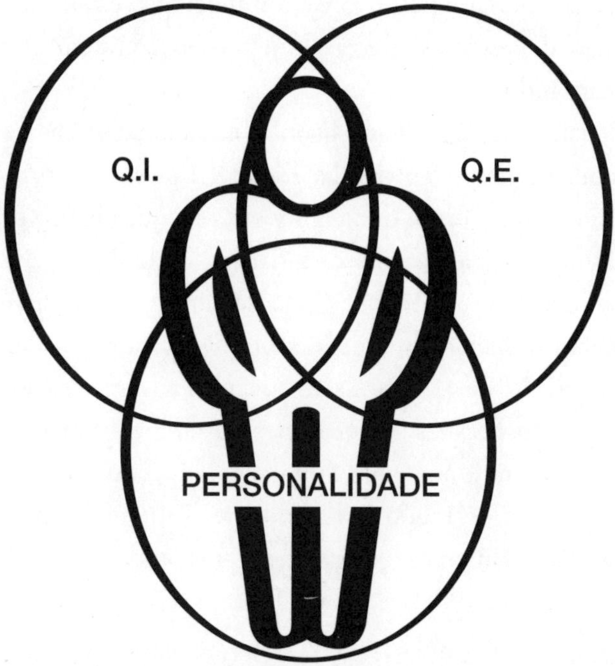

Inteligência (Q.I.), personalidade e inteligência emocional (Q.E.) são qualidades distintas que todos nós possuímos. Juntas, determinam como pensamos e como agimos. É impossível prever uma dessas qualidades baseando-se na outra. As pessoas podem ser brilhantes, mas não emocionalmente inteligentes, e os mais diversos tipos de personalidade podem ter um Q.I. e/ou um Q.E. elevado. Das três, a inteligência emocional é a única qualidade flexível e mutável.

resultado de suas preferências, tais como a tendência a ser introvertida ou extrovertida. Ela surge na infância e não desaparece. Há quem ache que algumas características estão associadas a um alto Q.E., mas não é verdade. Nem sempre as pessoas mais populares são mais inteligentes emocionalmente do que as solitárias de carteirinha. Você pode usar sua personalidade para ajudar a desenvolver a inteligência emocional, mas uma não depende da outra. Juntas, elas retratam a pessoa como um todo.

As quatro aptidões da inteligência emocional se baseiam em duas competências: a pessoal e a social. A primeira é resultante de sua autoconsciência e seu autocontrole, que aliam a percepção das emoções à maneira de guiar sua conduta. A segunda é conseqüência de sua consciência social e sua habilidade de administrar relacionamentos; é a aptidão para compreender o comportamento de outras pessoas, assim como a motivação e o direcionamento de suas relações pessoais.[5] Essas duas competências ocorrem juntas com tanta freqüência que nem mesmo são percebidas de modo independente. Em geral, uma única aptidão não é suficiente para obter os resultados desejados.

Competência pessoal

A autoconsciência e o autocontrole são as duas características mais importantes, na medida em que enfocam mais sua individualidade do que sua interação com as outras pessoas. A autoconsciência permite identificar as emoções no momento em que elas afloram e compreender as possíveis reações diante dos acontecimentos. Além disso, ela aprofunda a percepção de suas reações diante de situações específicas, desafios e relacionamentos pessoais. Um grau elevado de autoconsciência aumenta a tolerância aos sentimentos negativos e, por tabela, ajuda a entender as emoções positivas.

A reflexão é a única maneira de compreender o que você está sentindo. As emoções sempre servem a um propósito. Muitas vezes parecem aflorar do nada, mas no fundo sempre há razões que justificam determinadas circunstâncias. É importante descobrir o que provocou determinada reação. Quem atinge esse nível de percepção, em geral, sabe identificar o cerne de um sentimento com rapidez.

Lily, por exemplo, teve dificuldade em admitir que seu novo trabalho tornara-se tão desagradável quanto seu antigo emprego. Esse período de reflexão abriu caminho para uma mudança construtiva e evitou que ela escolhesse um rumo que destruiria sua carreira. As situações que geram emoções fortes sempre exigem mais reflexão.

O autocontrole pode se manifestar pela ação ou pela inação. Depende de sua percepção emocional e também de sua capacidade de direcionar o próprio comportamento de modo positivo. Isso significa ter controle sobre seu modo de reagir a situações ou pessoas. Considerando que algumas emoções provocam um medo paralisante que obscurece o raciocínio, o autocontrole, nessas circunstâncias, revela sua capacidade de suportar suas emoções. No momento em que você aprender a aceitar e desfrutar a amplitude de seus sentimentos, a melhor forma de agir surgirá naturalmente.

Competência social

Essa aptidão trata de nossa capacidade de entender as pessoas e de nos relacionar com elas. Ela aparece ao lado da consciência social e da capacidade de administrar relacionamentos. Quem tem consciência social compreende as emoções alheias e, com freqüência, capta os pensamentos e os sentimentos de outras pessoas. É fácil se deixar dominar pelas próprias emoções quando se desconsidera a perspectiva da outra parte.

Apesar de sua frustração, Lily usou de forma inteligente sua consciência social quando decidiu levar em consideração o ponto de vista de David. Ao colocar a questão de modo objetivo, apresentando relatórios em que aponta erros e como corrigi-los, ela abriu as portas para um encontro bem-sucedido.

A administração de relacionamentos resulta das três primeiras aptidões: autoconsciência, autocontrole e consciência social. É ela que determina sua capacidade de perceber a si mesmo e os outros e de estabelecer interações com sucesso – garantia de uma comunicação clara, que o levará a abordar qual-

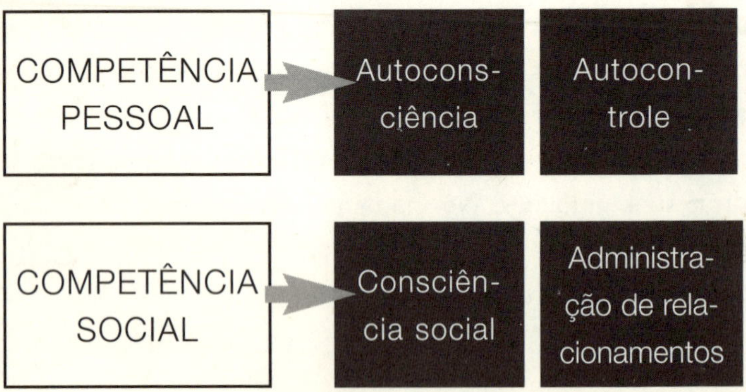

A inteligência emocional é o resultado de duas aptidões: a competência pessoal e a competência social. A competência pessoal enfoca mais o indivíduo e se subdivide em autoconsciência e autocontrole, enquanto a competência social aborda a maneira de se comportar com outras pessoas e se subdivide em consciência social e administração de relacionamentos.

quer conflito de forma tranqüila. Foi o que Lily fez na reunião, contornando a reação negativa de David diante de seu pedido. Ela prosseguiu com a conversa e conseguiu contornar o desconforto que tantos sentem perante um superior.

Saber administrar relacionamentos significa também construir ligações com os outros. As pessoas que possuem o dom da boa convivência estão cientes dos benefícios de manter contato com pessoas diferentes, mesmo aquelas de quem não gostam. Relacionamentos sólidos são um bem precioso que deve ser conquistado e tratado com carinho. Eles refletem sua capacidade de compreender as pessoas e interagir com elas.

A história de Lily ilustra os bons resultados que podem advir quando sua inteligência emocional está bem calibrada. Seus colegas de trabalho surpreenderam-se com sua súbita promoção e admiraram sua coragem de buscar novos desafios. O relato de Phineas Gage é um exemplo de uma vida desprovida de inteligência emocional. Durante os 11 anos que ele viveu após o acidente, as pessoas surpreendiam-se com aquele homem incrível que tinha "um buraco na cabeça", mas mantinham-se à distância.

Capítulo 2

EMOÇÕES INTENSAS

500 MIL PESQUISAS REALIZADAS

o que sabemos sobre a inteligência emocional?

"As emoções ensinaram a humanidade a raciocinar."

LUC DE VAUVENARGUES

Ziguezaguear em meio ao tráfego do centro da cidade em uma motocicleta não é uma maneira agradável de se começar o dia. Luis Sullivan estava atrasado e corria entre os carros como um louco. Além do estresse pelo atraso, a temperatura estava alta, o que aumentava o seu desconforto. O sinal vermelho o obrigou a parar e ele sentiu o calor opressivo irradiar-se do solo para seus pés. Para piorar, não havia mais vaga no estacionamento da empresa. "Momentos desesperadores exigem medidas desesperadas", resmungou enquanto se dirigia às vagas reservadas aos deficientes físicos.

O suor já molhava sua camisa quando ele se sentou em sua cadeira no escritório. Logo se ocupou com e-mails e telefonemas, o horário de almoço se aproximou rapidamente e, de repente, um colega de trabalho apareceu em seu cubículo. "Um carro-guincho está rebocando sua moto." Luis saltou da cadeira e precipitou-se para o saguão. Sentiu o calor grudar nele assim que abriu as portas e caminhou para a calçada. Um homem barbudo vestido com um macacão azul estava ajoelhado ao lado de sua motocicleta, procurando o lugar certo para prender o guincho do reboque. Luis correu em sua direção e suplicou que o perdoasse.

– Não posso, meu amigo. Esta é uma zona de reboque.

– Mas você não precisa rebocar a moto se estou aqui para retirá-la – pediu.

– Normas são normas. Estou apenas fazendo meu trabalho.

Luis sentiu-se atordoado e desanimado. O reboque lhe custaria mais do que ele ganhava por semana. Com essa despesa, quase não sobraria dinheiro para pagar o aluguel.

– Por favor, cara! Você não vê que estou desesperado?

O motorista levantou os olhos por um momento diante de seu comentário e esboçou um sorriso. Nesse momento, Luis viu os vestígios de comida na sua barba. Claro, o homem já almoçara, Luis refletiu. Por que ele iria precisar esperar até o meio-dia como os outros? Enfiou as mãos nos bolsos e voltou-se para o grupo crescente de colegas reunidos em frente ao prédio para assistir a discussão.

– Por que não posso pagar minha multa e guardar minha moto?

Desta vez o motorista começou a rir. Olhou firme para Luis.

– Você não vai se safar, companheiro. Sua moto está estacionada em um local para deficientes físicos e me chamaram para rebocá-la. É o que farei, pode ter certeza.

Luis ficou furioso. Para ele, a discussão chegara ao limite. Caminhou para o lado esquerdo do carro-guincho e deu um forte pontapé na porta do passageiro. Após uma pausa para observar o amassado na lataria, voltou-se para verificar a reação do proprietário. O homem permanecia em seu lugar rindo. Apenas ergueu a mão, indicando o carro da polícia parado na esquina. Luis ficou gelado. Então foi a polícia que chamou o reboque, e ainda estava lá, sem que ele houvesse percebido. Os policiais ligaram a sirene e deram partida, parando com uma freada estridente diante dele.

A seqüência de acontecimentos o deixou tão chocado que as imagens pareciam estar em câmera lenta. Muitos colegas de trabalho de Luis, inclusive seu chefe, observaram em silêncio enquanto a polícia o algemava, lia seus direitos e o enfiava na parte traseira do carro. Sua namorada, que já não agüentava mais seu comportamento irracional, pagou sua fiança à noite, mas decidiu terminar o relacionamento.

Os resultados desastrosos provocados pela dificuldade de Luis em compreender e controlar suas emoções não são incomuns. É enorme a dificuldade que as pessoas têm de compreender como suas escolhas afetam seu sucesso pessoal e profissional. Nem sempre elas vêem a si mesmas da maneira como são vistas pelos outros. Algumas conseqüências desse descompasso são apontadas em testes feitos ao longo da última década com o objetivo de identificar o papel exercido pelas emoções no cotidiano. O estudo mostra o que funciona e o que não funciona na hora de enfrentar desafios e resume a essência da inteligência emocional em três pressupostos básicos.

Descoberta n.º 1
Temos uma epidemia emocional

Apesar do crescente enfoque dado às emoções e à inteligência emocional durante as duas últimas décadas, o déficit global de compreensão e controle das emoções é surpreendente. Apenas 36% das pessoas que testamos foram capazes de identificar com precisão suas emoções no momento em que elas afloraram. Isso significa que a maioria ainda não está preparada para usá-las em seu benefício. Uma das razões é que percepção e compreensão emocional não se aprendem na escola.

É normal começar a vida profissional sabendo ler, escrever e dominando diversos campos do saber, mas em geral não aprendemos nada que nos ajude a controlar nossas emoções diante dos desafios com que nos deparamos. Decisões acertadas requerem mais do que o conhecimento prático; elas são tomadas com base no autoconhecimento e controle emocional.

O estresse e o conflito interpessoal são evidências claras dos problemas enfrentados por quem tenta compreender e lidar com suas emoções. Mais de 70% das pessoas testadas mostraram ter dificuldade em controlar a tensão provocada por situações desafiadoras no trabalho. Esse tipo de conflito tende a se exacerbar quando as pessoas se comportam de forma passiva diante dos problemas ou os enfrentam de modo tão agressivo que as circunstâncias tomam proporções assombrosas.

Grande parte das empresas mantém um ambiente de repressão à inteligência emocional. Apenas 15% dos funcionários se sentem verdadeiramente respeitados e valorizados nos locais em que trabalham. A esmagadora maioria pediria demissão caso lhe fosse oferecido um cargo similar em outro lugar. As pessoas desejam mais do que um salário em troca de seu trabalho: elas querem que seus esforços sejam reconhecidos e os sacrifícios que fazem pela chefia apreciados.

Descoberta n.º 2
Há poucas verdades nos estereótipos

As generalizações são muito usadas quando o objetivo é rotular as emoções. É comum estereotipar a mulher como o "sexo fraco" e "extremamente emotiva" e o homem como "emocionalmente distante" ou "explosivo".

Nossa análise da inteligência emocional, no entanto, indica algo diferente. De acordo com essa abordagem, as mulheres têm, em média, um Q.E. quatro pontos acima dos homens. Essa variação sugere que elas em geral expressam (não confundir com possuem) mais capacidade de lidar com suas emoções. As mulheres também superam os homens em três das quatro aptidões da inteligência emocional: autocontrole, consciência social e administração de relacionamentos.

Consciência social é a única aptidão em que as pontuações se igualam. A maior defasagem ocorre na administração de relacionamentos, com a ala feminina obtendo pontuações dez vezes maiores que os homens. Como explicar esses resultados? Alguns dados nos levam a pensar que as mulheres praticam a inteligência emocional desde a infância. Muitos dos jogos infantis femininos envolvem sentimentos e atitudes gentis. Não se espera o mesmo comportamento dos meninos.

Além da diferença entre os sexos, as pessoas presumem que o grau de inteligência emocional varia muito entre as profissões. O senso comum acredita que engenheiros, contadores e cientistas têm em geral um baixo Q.E. Mas nossa base de dados indica que não há uma diferença significativa entre as diversas profissões. Pessoas que trabalham em vendas, em informática, no mercado financeiro ou em marketing têm um nível de inteligência emocional quase idêntico.

O único grupo que tende a obter uma pontuação mais elevada é o daqueles que trabalham no comércio. Ao que tudo indica, é necessário um alto nível de inteligência emocional para sobreviver nessa profissão. Afinal, para ser capaz de lidar com clientes desagradáveis o dia inteiro, é preciso ser emocionalmente inteligente. O único grupo que fica muito abaixo dos demais é o dos desempregados.

Descoberta n.º 3
É solitário estar no topo

É forte a relação entre inteligência emocional e o cargo que a pessoa ocupa em uma empresa. A pontuação aumenta de acordo com a hierarquia – dos postos iniciais até a gerência de nível médio, que, aliás, se destaca por ostentar os mais altos Q.Es., até porque, acima desse nível, há uma tendência decrescente. Nos cargos de diretoria, a pontuação desce rapidamente, sendo que os presidentes, em média, apresentam os menores índices de inteligência emocional.

Os próprios jornais de economia apontam que quanto mais alto for o cargo, menos trabalho efetivo se tem; a função primária do executivo-chefe é de liderar e comandar o trabalho de seus subordinados. Diante disso, seria de se esperar que os que ocupam postos elevados mostrassem grande habilidade em seus relacionamentos pessoais, mas a realidade é bem diferente. Muitos líderes são promovidos em razão de seu conhecimento ou de sua experiência, em vez de sua aptidão em gerenciar pessoas. Mas é fato que executivos com alto grau de inteligência emocional são mais eficientes.

Na verdade, as aptidões vinculadas à inteligência emocional são mais importantes do que qualquer outra capacidade ligada à liderança. Ou seja: quem tiver um alto Q.E. se destacará entre seus pares.

INTELIGÊNCIA EMOCIONAL E CARGO

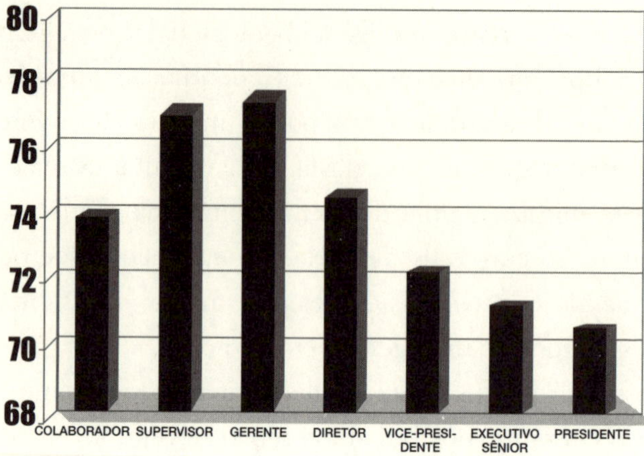

O gráfico acima representa a média da pontuação dos quocientes de inteligência emocional de cada cargo em uma empresa. O declínio abrupto do posto de diretor para cima revela o impressionante déficit dessa característica nos cargos mais elevados, embora a inteligência emocional tenha mais influência no desempenho desses profissionais do que qualquer outra aptidão.

O IMPACTO DA INTELIGÊNCIA EMOCIONAL

como ela afeta sua saúde e sua felicidade?

"Até mesmo um porco cego em meio a uma nevasca encontra uma castanha de vez em quando."

ANÔNIMO

O jogador de basquete Magic Johnson sabia desde o início que transformar o programa *The Magic Hour* em um sucesso era um desafio. Embora fosse uma celebridade, ele construíra sua carreira na equipe dos Los Angeles Lakers fazendo bandejas em momentos decisivos, não como apresentador de televisão.

Um elemento raramente mencionado em *talk shows* é o apoio da equipe de comediantes, muitas vezes responsável pelo sucesso do programa. Fato é que Craig Shoemaker ficou radiante quando os executivos da Fox o convidaram para contracenar com Magic Johnson. Craig recebera o título de Melhor Comediante em 1997 e tinha uma agenda cheia de apresentações para empresas, mas contar piadas ao lado do lendário jogador de basquete parecia muitíssimo melhor do que o quadro que ele fazia em um programa de perguntas e respostas. Disseram a Craig que se sentaria ao lado de Magic no sofá e teria a incumbência de manter o tom da conversa animado.

Os produtores acharam que um único dia de ensaio antes de lançar o programa seria suficiente para que Magic e Craig formassem uma dupla entrosada. Mas isso não aconteceu. Para piorar, prepararam uma lista de piadas e proibiram Craig de improvisar. O resultado foi uma atuação medíocre, que rendeu inúmeras críticas negativas ao show. Craig tentou convencer os produtores a mudarem o roteiro e o tipo de piada, mas suas sugestões foram ignoradas. Apesar da frustração, ele não teve coragem de abandonar o barco.

O *Magic Hour*, que foi ao ar pela primeira vez em 8 de junho de 1999, durou apenas oito semanas. A baixa audiência e o prejuízo resultante levaram ao cancelamento do programa. Hoje, Craig admite que o medo o impediu de seguir seu instinto. Ele descreve a experiência como se estivesse em um jato que perde subitamente a pressurização a 10 mil metros: "As piadas eram tão ruins que deveria haver máscaras de oxigênio caindo do teto para os espectadores. Gostaria que esse trabalho fosse apagado do meu currículo." De fato, sua carreira demorou sete anos para voltar a decolar. Desde então C raig decidiu confiar em sua intuição.

Inteligência emocional e saúde

Existe um tempo certo para que as situações difíceis sejam resolvidas. Especialmente quando o problema ainda é pequeno o suficiente para ser solucionado. A compreensão desse *timing* faz com que você se sinta mais seguro para enfrentar os desafios atuais e evitar os futuros. Quando você age de forma inversa e refreia seus sentimentos, logo surgem a tensão, o estresse e a ansiedade.

As emoções reprimidas afetam a mente e o corpo. As aptidões inerentes à inteligência emocional ajudam a controlar o estresse na medida em que irão capacitá-lo a conduzir situações desagradáveis antes que elas se tornem incontroláveis. Quem não consegue agir assim acaba escolhendo outros meios, às vezes menos eficazes, de lidar com suas alterações de humor. Essas pessoas estão duas vezes mais propensas a sentir ansiedade e depressão, a usarem medicamentos em excesso e a terem pensamentos suicidas.[1]

A inteligência emocional tem um impacto incrível na felicidade e na realização pessoal. Ela promove uma sensação de bem-estar e faz com que a pessoa se sinta mais tranqüila e segura no ambiente em que vive e consigo mesma.[2] A estreita ligação entre inteligência emocional e satisfação pessoal demonstra a importância de perceber nossas emoções e de usá-las para guiar nosso comportamento. Quanto mais exercitarmos nosso Q.E., mais nos beneficiaremos.

As pesquisas apontam um elo significativo entre a inteligência emocional e a propensão à doença. O estresse, a ansiedade e a depressão atacam o sistema imunológico, gerando uma enorme vulnerabilidade. A resistência de nosso sistema imunológico está ligada ao estado emocional por meio dos neuropeptídios, substâncias químicas complexas que atuam como mensageiros entre o corpo e a mente. Quando estamos imersos em tensão e tristeza, diminui a resistência de nosso corpo às doenças.

Pesquisas médicas mostram um vínculo efetivo entre o desequilíbrio emocional e algumas doenças graves. Num estudo de longo prazo sobre os níveis de estresse em mulheres, realizado entre 1968 e 1991, os pesquisadores identificaram o grau em que cada mulher vivenciava a tensão, o medo, a ansiedade e os distúrbios de sono resultantes de conflitos no trabalho e em casa. Ficou provado que aquelas que possuíam altos níveis de estresse durante um período de 24 horas estavam mais propensas a desenvolver câncer de mama. A angústia emocional dessas mulheres era ocasionada por conflitos não resolvidos e emoções incontroláveis.

As aptidões da inteligência emocional também auxiliam os doentes, reduzindo os períodos de recuperação e as taxas de mortalidade. Quando as pessoas recebem o diagnóstico de uma doença fatal, é natural que fiquem mais estressadas e ansiosas. O diagnóstico representa o maior desafio jamais enfrentado pelo paciente – daí a necessidade de ferramentas para lidar com a tensão e a incerteza decorrentes. Por exemplo: 1/3 das mulheres diagnosticadas com câncer de mama sofre um acesso de ansiedade clinicamente diagnosticável após a notícia e mais de 10% delas sentem estresse pós-traumático.

Pesquisadores da Universidade Estadual de Ohio estudaram 227 mulheres com câncer de mama e constataram os efeitos surpreendentes da aplicação da inteligência emocional durante o tratamento.[3] As pacientes apresentaram níveis reduzidos de estresse, seguiram uma dieta melhor e desenvolveram sistemas imunológicos mais fortes.

Uma pesquisa da American Heart Association também revelou um resultado semelhante em homens e mulheres que utilizaram os recursos da inteligência emocional enquanto se recuperavam de um infarto.[4]

A inteligência emocional tem uma grande influência nos resultados relacionados à saúde porque fortalece a habilidade cerebral de lidar com situações emocionais difíceis. Essa habilidade mantém o sistema imunológico fortalecido e ajuda a proteger de doenças. Estudos da Harvard Medical School chegaram a mapear diferenças físicas no cérebro com base em alterações na inteligência emocional. Descobriu-se que a intensidade de "tráfego" entre os centros racional e emocional do cérebro tem um impacto significativo em seu tamanho e sua estrutura.[5]

Inteligência emocional e excelência profissional

Qual é o real impacto da inteligência emocional em sua carreira? A resposta é: *grande!* A inteligência emocional é tão importante para o sucesso que representa 60% da produtividade em todos os tipos de trabalho – ela é o mais forte condutor de liderança e excelência pessoal. Testamos o Q.E. em 33 empresas e descobrimos que ele afeta o comportamento, a administração do tempo, a motivação, a visão e a comunicação.

Talvez o aspecto mais importante da inteligência emocional seja a sua flexibilidade. Não importa tanto o grau de Q.E. das pessoas, mas o fato de que é possível aperfeiçoá-lo. Uma pesquisa realizada na Faculdade de Administração da Universidade de Queensland, na Austrália, revelou que quem tem a inteligência emocional menos desenvolvida e está com problemas no trabalho pode virar o jogo e se equiparar aos que se destacam em ambos os aspectos – para isso, basta exercitar suas habilidades emocionais.[6]

Pesquisas mostram que 90% dos chamados profissionais topo de linha têm um alto grau de inteligência emocional. Por outro lado, só 20% dos que apresentaram baixo desempenho possuíam essa mesma habilidade. Conclusão: é possível ser altamente qualificado e não possuir o dom da inteligência emocional, mas nesse caso suas chances de sucesso são mínimas. Quem se dedica a desenvolver seu Q.E. tende a ser bem-sucedido porque os dois aspectos são complementares. Isso se aplica aos mais variados campos de trabalho, em todos os níveis hierárquicos.

As empresas também se beneficiam da inteligência emocional, pois colaboradores estimulados exercitam com mais eficácia suas habilidades de liderança, de trabalho em equipe e de captação de novos clientes. Observamos, com freqüência, um entusiasmo contagiante em companhias que promovem o uso da inteligência emocional entre os seus funcionários.[7]

Uma das 500 empresas listadas na revista *Fortune* enviou um e-mail convidando seus funcionários a fazerem um teste de avaliação de inteligência emocional e realizarem um treinamento on-line. A equipe da área de recursos humanos não esperava receber feedback tão positivo, uma vez que programas de treinamento são, em geral, considerados extremamente tediosos. Ela não levou em conta que as pessoas sabem que a inteligência emocional ajuda a ter um desempenho mais eficiente, melhora o relacionamento com os outros e motiva a trabalhar. Isso cria um ambiente onde todos vencem.

PARTE II

DESCUBRA SUA INTELIGÊNCIA EMOCIONAL

Capítulo 3

USE A INTELIGÊNCIA EMOCIONAL NO TRABALHO E NA VIDA PESSOAL

TESTE SEU Q.E.

o que ele revela? Como aumentá-lo?

"Não devemos parar de investigar. Ao final, chegaremos aonde começamos e, enfim, conheceremos o lugar."

T. S. ELIOT

As pessoas tendem a encarar com seriedade os resultados do teste de inteligência emocional. Quando elas fazem um teste de personalidade, por exemplo, sentem-se bem com quaisquer resultados. Mas quando se trata de medir o grau de inteligência emocional, é diferente. Mesmo quem ouve essa expressão pela primeira vez sabe que uma baixa pontuação é sinal de problema. Afinal, todo mundo considera o Q.E. um fator crítico para se obter sucesso no trabalho ou na vida pessoal.

Por que então criar um teste que parece pôr uma "cerca" em torno da inteligência emocional? A razão é simples. O teste fornece uma avaliação objetiva do comportamento de uma pessoa, demonstra como ela interage com os outros e a maneira como lida com situações importantes.

A inteligência emocional é algo real, fácil de compreender: os seres humanos são feitos para sentir. Todos nós sabemos como nos relacionamos com os outros, e até os menos conscientes sabem que sua percepção é comprometida pela expectativa de como gostariam que as coisas fossem.

Quantificar a inteligência emocional representa mais que um exercício prático ou motivacional. Quando conhecemos os pontos fracos e os fortes de nossas próprias aptidões, a experiência de desenvolver a inteligência emocional se torna mais relevante e pessoal.

Testar a inteligência emocional é como aprender a dançar uma valsa. Se eu lhe ensinar os passos sem a presença de um parceiro, é possível que você queira tentar dançar sozinho. Se você praticar cada passo com um parceiro, aumentam exponencialmente suas chances de conseguir repetir os movimentos na pista de dança. O perfil de inteligência emocional que você obtém ao fazer o teste é seu parceiro de dança no desenvolvimento dessas aptidões. Ele lhe lembrará o passo a ser dado em cada acorde da música.

Ao ler este livro e seguir buscando desenvolver novas habilidades, é bom refletir sobre seu grau de Q.E. e sobre quais aptidões você necessita melhorar. Nenhum teste pode determinar o caminho que você deve trilhar, mas conhecer o próprio perfil sem dúvida ajuda a entender suas forças e suas fraquezas, assim como as aptidões que lhe darão a melhor oportunidade de aperfeiçoamento.

Se você fizer a Avaliação da Inteligência Emocional on-line que está disponível no site deste livro (www.eiquickbook.com), aumentará sua capacidade de compreender as emoções e suas tendências diante de situações e pessoas distintas. Provavelmente, haverá surpresas em seu perfil. Algumas podem incomodar um pouco, porém tudo o que você aprender reverterá em seu benefício. Os resultados obtidos expandirão sua autoconsciência e abrirão a porta para a mudança.

AVALIE SUAS APTIDÕES EM 28 QUESTÕES

"O maior dos erros é não ter consciência de nenhum."

THOMAS CARLYLE

A primeira coisa que as pessoas observam ao fazer a Avaliação da Inteligência Emocional on-line é sua rapidez. O tempo médio para completá-la é de apenas sete minutos, mas isso não significa que ela seja superficial. Anos de pesquisa revelaram que o tamanho do teste é perfeito para medir a inteligência emocional sem perda de tempo.

Preciso realmente avaliar minha inteligência emocional?

Claro que não. Embora o teste forneça insights de suas aptidões, você pode facilmente desenvolvê-las sem realizar o teste. As estratégias de inteligência emocional discutidas neste livro ajudam a desenvolver uma perspectiva nova e objetiva em relação ao seu comportamento, mesmo que você não saiba qual é a sua pontuação. O teste pode ser usado como um complemento às informações do livro, sem afetar ou diminuir o valor de seu conteúdo.

Se eu realizar o teste, o que vou descobrir?

O teste apontará suas habilidades mais marcantes, as áreas que precisam ser aperfeiçoadas e quais são suas tendências de comportamento. Seu perfil fornecerá uma pontuação geral de Q.E., bem como os resultados parciais por competência (pessoal e social) e por cada uma das quatro aptidões da inteligência emocional (autoconsciência, autocontrole, consciência social e administração de relacionamentos).

Os resultados destacam as ações mais significativas para expandir sua inteligência emocional. O relatório traz ainda uma análise dos comportamentos que contribuíram para a obtenção dos resultados, sendo que cada aptidão é ilustrada por meio de atividades educativas e interativas de *e-learning*, videoclipes, trailers de filmes de Hollywood e de programas de TV a até eventos reais. Um sistema de rastreamento de metas resume as aptidões que você está exercitando e fornece lembretes automáticos via e-mail para ajudá-lo a manter a concentração.

Você também poderá comparar sua pontuação com a de outras pessoas, inclusive grupos específicos com os quais você compartilha certas características. É possível "pedir" comparativos baseados em gênero, região do mundo, tipo de trabalho e cargo, assim como analisar o percentual da população com pontuação mais elevada. Um exemplo: você pode se comparar com outras mulheres na faixa etária de 40 anos que ocupam o cargo de vice-presidente de vendas em empresas do norte do país.

Como realizar o teste?

É simples: entre em contato com a Editora Sextante pelo e-mail **atendimento@esextante.com.br** e solicite um código identificador para você poder se cadastrar no site **www.eiquickbook.com** e fazer o teste, que está disponível apenas em inglês. Se você tem domínio da língua, siga as instruções e responda às questões. No final, o sistema apresentará o seu perfil, assim como sua pontuação e a indicação de seus pontos fracos e fortes. Você pode retornar ao teste e consultá-lo a qualquer momento, além de imprimir os resultados ou salvar o teste como um documento Word em seu computador. A senha que você usa para fazer o teste é a garantia de seu sigilo, pois só com ela é possível acessar os resultados. Os profissionais do TalentSmart têm autorização para realizar pesquisas na base de dados, mas de forma anônima – ou seja, vendo apenas grupos de números sem identificação.

Capítulo 4

QUESTÕES-CHAVE

OS SETE AGENTES PROVOCADORES

desafie sua inteligência emocional

"O fim do entendimento não é encontrar provas e razões, mas saber e acreditar."

THOMAS CARLYLE

As pessoas que fazem mais progressos em aperfeiçoar sua inteligência emocional são as que mais a questionam. Uma pergunta é sempre um agente provocador, pois pode sinalizar dúvida e descrédito quando, na verdade, funciona como uma preciosa fonte de informações. Conheça as sete perguntas mais comuns acerca da inteligência emocional.

Minha inteligência emocional pode mudar?

Sim. Ao contrário dos padrões normais de inteligência e de personalidade, a inteligência emocional é uma habilidade que você pode aprimorar a qualquer momento. Ela é influenciada pelo seu dia-a-dia: demissão, divórcio, uma promoção inesperada ou outros acontecimentos importantes. O segredo é entender suas verdadeiras aptidões, lapidá-las e usá-las em seu benefício.

A pontuação do teste incluído neste livro não deve ser encarada como um veredicto da sua capacidade emocional. Ao contrário, utilize-a para verificar se você está no caminho certo. Quanto mais aperfeiçoar suas aptidões de inteligência emocional, mais facilmente alcançará seus objetivos. Fazer uma pausa para refletir antes de reagir a determinada situação é fundamental para dar a partida rumo a uma mudança duradoura.

O aperfeiçoamento de alguns novos comportamentos é fácil e rápido, mas há aptidões que exigem de três a seis meses para serem implantadas – e notadas, é claro. Depois de passar alguns meses exercitando suas habilidades, você aprenderá a colocá-las em prática nos capítulos 5, 6, 7 e 8. Nessa fase, seria interessante refazer o teste para verificar se o seu desempenho realmente melhorou.

Se a inteligência emocional é mesmo tão importante, por que existem pessoas bem-sucedidas que não a possuem?

Em quase todas as empresas encontramos alguém que tem dificuldade de se relacionar com os outros. São dessas pessoas que em geral começam a conversa em um tom tenso e acabam envolvidas em algum conflito. Abordar esse tipo é tão desconfortável quanto ouvir o som de alguém arranhando as unhas em um quadro-negro. Muitos líderes são particularmente ásperos com seus subalternos, o que nos leva à constatação de que a inteligência emocional e o sucesso nem *sempre* caminham juntos. Apesar dos aspectos negativos, seu desempenho profissional é ótimo, supereficiente. As pessoas podem usar seu Q.I. para ser bem-sucedidas, mas falhar no relacionamento interpessoal, o que as impede de desenvolver seu potencial pleno. Quando se trabalha com alguém que possui essas características, é fácil ignorar o fato de que seu sucesso advém de sua competência profissional. Muitas são ríspidas no trato, mas muito motivadas no cumprimento de suas tarefas. Podem não ter um comportamento agradável, porém são capazes de investir toda a sua energia para realizar com competência um trabalho árido. Quem tem uma baixa pontuação no Q.E. se apóia em seu autocontrole e em sua inteligência para obter êxito no dia-a-dia. Pessoas difíceis extremamente bem-sucedidas são uma minoria; cerca de 90% dos altos executivos possuem um grau elevado de inteligência emocional.

Quantas aptidões podem ser usadas ao mesmo tempo?

A mente humana não consegue focar com eficácia muitas atitudes ao mesmo tempo. Isso significa que não é possível aperfeiçoar nossas quatro aptidões simultaneamente. É preciso exercitar uma aptidão de cada vez, o que requer uma mudança em certos comportamentos-chave para alcançar resultados. Por exemplo, se escolher o autocontrole, não perca seu tempo mentalizando "Eu preciso ter autocontrole... Eu preciso ter autocontrole...". Em vez disso, elabore um plano que incorpore ações específicas em sua rotina. Procure considerar alternativas diversas antes de agir, ou pelo menos tente não repelir as pessoas quando não se sentir bem. Isso representa um grande desafio, pois quem não domina o próprio comportamento acaba não conseguindo modificá-lo realmente.

É importante lembrar que as quatro aptidões da inteligência emocional são interconectadas. Se você começar a exercitar o autocontrole, é provável que suas outras habilidades também se aperfeiçoem. Citando o exemplo do parágrafo anterior, vemos como o autocontrole nos impede de agir com agressividade quando nos sentimos incomodados com algo. Além do mais, ele ajuda a aumentar nossa pontuação no quesito administração de relacionamentos e a aprimorar nossa consciência social. Portanto, mesmo as pessoas mais ambiciosas devem ter em mente que praticar diligentemente uma única habilidade faz com que os objetivos sejam alcançados com mais rapidez. As quatro aptidões da inteligência emocional funcionam em conjunto em seu benefício.

Devo contar às pessoas que estou exercitando minha inteligência emocional?

Caso se sinta confortável em fazê-lo, compartilhe suas metas com as pessoas em quem você confia. Ao revelar um objetivo, você aumenta sua chance de atingi-lo,[1] pois isso cria um novo nível de responsabilidade e impulsiona seus esforços. De certa forma, as pessoas funcionam como uma importante fonte de informação, na medida em que descrevem como vêem os efeitos de seus esforços – e isso o ajuda a monitorar o próprio progresso. Mas, se não quiser compartilhar sua experiência com determinadas pessoas, não se culpe; em geral, essa é uma atitude positiva. Trocar experiências pressupõe a existência de um clima de colaboração construtivo. Caso você sinta que o outro não está disposto a ouvi-lo ou pode lhe causar dificuldades, é melhor buscar seu objetivo sozinho.

A inteligência emocional pode ser usada para manipular pessoas?

Sim. Infelizmente, não há meios de evitar a má-fé, como demonstra o excelente filme *Prenda-me se for capaz,* estrelado por Leonardo DiCaprio e Tom Hanks, baseado na história verídica de Frank Abignale – um jovem estelionatário bem-sucedido que levou o agente do FBI Carl Hanratty a seguir sua pista até um hotel em Los Angeles. Como não havia fotos do vigarista, o agente Hanratty se deixou enganar por um homem que dizia ser um agente da CIA. Hanratty fez-lhe perguntas de modo agressivo sem baixar a arma. O impostor revistou o quarto, explicando que a CIA estava envolvida no caso e o agente Hanratty chegara tarde demais: o fugitivo já estava longe. O "agente" da CIA convenceu Hanratty com sua história lançando mão de uma série de truques durante a conversa, entre eles a conduta calma, relaxada e tranqüila de quem não tem nada a temer. Abignale fugiu quando o agente Hanratty o deixou sair para levar uma "evidência" para seu carro. A inteligência emocional ajudou Frank Abignale a escapar por um triz das garras do FBI.

A inteligência emocional tem alguma relação com a idade?

O Q.E. tende a aumentar com a idade. Muita gente adquire mais autoconsciência conforme amadurece, passando a ter mais facilidade para controlar as emoções e o comportamento. Os cinqüentões, em média, obtêm pontuação 25% mais elevada em nosso teste do que aqueles na casa dos 20 anos. A tendência é ganhar alguns pontos no grau de inteligência emocional a cada década da vida, mas não esqueça que é possível maximizá-la em *qualquer* idade.

Posso aplicar o teste em meus filhos?

As perguntas do teste de Avaliação da Inteligência Emocional foram elaboradas para pessoas com mais de 15 anos. Crianças pequenas não têm maturidade suficiente para se beneficiar dele, mas muitos professores de nível médio aplicam o teste em seus alunos como parte do processo de autoconhecimento e de compreensão de suas capacidades.

PARTE III

COMO EXPANDIR SUA INTELIGÊNCIA EMOCIONAL

Capítulo 5

MUDE SUA MENTE

SEU CÉREBRO É FLEXÍVEL

é possível realmente mudá-lo?

"Os seres humanos, ao mudarem suas posturas internas, podem alterar os aspectos externos de suas vidas."

WILLIAM JAMES

Encontrei Richard La China de uma forma inusitada. Ele veio ao nosso escritório numa sexta-feira para consertar a rede de computadores. Na minha vez, sentei-me no sofá para deixá-lo trabalhar. Quando empurrei meu teclado, o livro de Ken Blanchard caiu no chão. Richard disse que já havia lido todos os livros de Ken, então contei a ele que estávamos trabalhando juntos para criar um paradigma de liderança.

Nossa conversa progrediu enquanto o software carregava e descobri que aquele "técnico de informática" era um fã não apenas de Blanchard, mas de todos os autores de livros de negócios que mencionei em nossa conversa. Creio que não consegui esconder minha curiosidade, pois Richard foi logo contando sua história. Ele tinha se mudado para a cidade havia nove anos, cheio de planos profissionais e um enorme conhecimento na área de TI. Abriu sua firma de consultoria quando morava na pior parte da cidade, conseguiu transformar a empresa em uma multinacional e chegou a ser mencionado em artigos do *The New York Times* e nas redes de televisão Fox e ABC News. Ganhou, inclusive, o prêmio Ernst & Young Entrepreneur of The Year.

Nesse momento, perguntei impulsivamente: "Mas por que você está aqui consertando meu computador?" A primeira resposta foi: "Disciplina." A segunda foi que vendera sua participação na empresa e estava recomeçando havia dois meses. Sua nova firma tinha nove funcionários e todos estavam comprometidos com outros trabalhos naquele momento, por isso ele tinha vindo nos atender.

Richard admitiu que nem sempre foi um modelo de disciplina. Antes de entrar na faculdade, viajou como mochileiro, chegando a pedalar 164km para se encontrar com sua namorada na Universidade da Carolina do Norte. Lá, passava os dias na biblioteca enquanto ela assistia às aulas. Os livros na área de negócios atraíram a sua atenção, especialmente os que contavam histórias de empreendedores bem-sucedidos. Ficou impressionado com o comprometimento, a disciplina e o planejamento desses empresários e jurou que um dia seu nome também seria registrado em um livro. Para isso, ele sabia que precisava melhorar nos quesitos perseverança e planejamento.

Foi assim que surgiu a idéia de abrir uma empresa de instalação de redes de computadores em San Diego. Sua dedicação e seriedade ao trabalho conquistaram os empresários locais que buscavam instalações seguras de redes de computadores. Mas manter-se fiel ao plano elaborado não era tão simples quanto parecia no papel. Cada vez que o empreendimento atingia uma meta marcante, surgiam desafios que testavam sua capacidade de ação e obstáculos que exigiam novos níveis de preparação e de enfoque.

"Foi realmente difícil no início. Havia inúmeros pequenos detalhes que eu desconhecia e que eram necessários para gerir um negócio. Mas, ao me concentrar, o caminho tornou-se cada vez mais fácil. Creio que treinei meu cérebro", explica Richard, citando a disciplina como peça fundamental de sua bem-sucedida trajetória como empreendedor.

Um estudo publicado na revista *Science* em 1991 sobre o funcionamento do cérebro[1] fez uma surpreendente revelação: nosso cérebro é plástico. Ou seja, as células cerebrais possuem a capacidade de se ajustar às influências do mundo exterior e assumir formas novas para responder às mais diversas circunstâncias. "Plasticidade" é o termo usado pelos neurologistas para descrever essa habilidade do cérebro.

Quando Richard decidiu suportar as adversidades e se manter fiel ao seu plano de negócios, seu cérebro mudou – começou a estabelecer novas conexões para reforçar esses atos de disciplina. Esse mecanismo não era perceptível inicialmente, mas ao longo do tempo o empresário sentiu que tudo transcorria com mais facilidade. Cada vez que surgia alguma dificuldade, as coisas se resolviam mais facilmente.

Durante décadas o mundo científico acreditou erroneamente que o cérebro de um adulto é "congelado", incapaz de mudar. O estudo publicado na *Science* derrubou esse mito ao revelar que o cérebro adquire novas conexões da mesma forma que seu bíceps pode ganhar mais massa muscular caso você comece a levantar pesos várias vezes por semana. A mudança é gradual e da mesma forma que a rotina permite que você levante os pesos cada vez com mais facilidade, as células de seu cérebro desenvolvem novas conexões para acelerar a eficiência de cada um de seus pensamentos sem aumentar de volume (lembre-se: seu cérebro está confinado na caixa craniana).

É fato que o aprendizado deixa marcas físicas no cérebro em qualquer idade; e conexões atualizadas nos deixam mais confiantes para adotar novos comportamentos. Dos 100 bilhões de células do cérebro, cada uma se comunica por meio da ramificação de pequenos "braços" (à semelhança dos ramos de uma árvore). Uma única célula pode gerar 15 mil conexões. À medida que você desenvolve novas habilidades, as células na área afetada produzem uma reação em cadeia de crescimento. O caminho do pensamento responsável pelo comportamento se fortalece, facilitando a ação desse novo recurso no futuro.

Como observamos no capítulo 1, a inteligência emocional resulta da quantidade de comunicação entre os centros racional e emocional de cérebro. Quanto mais você exercita suas aptidões de Q.E., mais suas células se ramificam e estabelecem conexões entre o sentimento e a razão. Um pequeno senão: trata-se de um processo demorado. Se você grita quando está zangado e quer mudar esse comportamento, deve aprender a reagir de outra forma. No início, pode ser difícil, mas ao praticar repetidamente essa nova reação você será capaz de conter a ânsia de gritar. No final, esse ímpeto será mínimo e você conseguirá ignorá-lo com facilidade. Certifique-se apenas de que a ligação entre os centros racional e emocional de seu cérebro esteja sempre livre e desimpedida.

O APRENDIZADO DURADOURO

como usar a motivação para mudar?

"Somos o resultado de nossas ações repetitivas.
A excelência, portanto, não é uma atitude, mas um hábito."

ARISTÓTELES

Uma crítica recorrente em relação aos seminários de análise comportamental é sua capacidade de motivar as pessoas. Em geral, o palestrante estimula e entretém a audiência, que decide realizar uma grande transformação em sua vida – as pessoas sentem que as coisas podem ser diferentes, mas, ao retornar à rotina do trabalho, nada muda. O que acontece? Como mudar de verdade?

Imagine um programa de TV sobre crianças doentes que precisam regularmente de transfusões de sangue, mas não há doadores suficientes para o raríssimo tipo sangüíneo AB negativo. Você desliga a TV com os olhos cheios de lágrimas e promete a si mesmo que vai doar sangue uma vez por mês, já que o seu sangue é AB negativo. Na primeira semana você usa a hora do almoço para ir ao banco de sangue. Depois de alguns meses, vai mais uma vez e é só. Simplesmente não pensa mais no assunto. O que o levou a tomar essa atitude? Você é uma pessoa sem sentimentos, que não se preocupa com essas pobres crianças doentes?

Na verdade, você é como quase todo mundo – suscetível aos efeitos da emoção. Ao desligar a TV naquela noite, estava profundamente triste com a situação das crianças doentes e sentindo-se disposto a mudar o seu comportamento para ajudá-las. Mas esse estado emocional é passageiro; está diretamente ligado às fontes das emoções geradas pelo programa. Por isso, a motivação induzida por uma breve e dramática experiência não se transforma em uma mudança duradoura.

Para que um novo comportamento perdure, é preciso praticá-lo de forma constante e regular, de modo a treinar seu cérebro para incorporar essa mudança. Se você gravar o programa com as crianças doentes e assisti-lo uma vez por mês, suas chances de ir ao banco de sangue aumentarão. E caso consiga doar sangue por alguns meses seguidos, é provável que seu cérebro se adapte e absorva o comportamento. Nesse caso, doar sangue para ajudar a salvar crianças enfermas se tornaria um hábito.

Treine seu cérebro

O réveillon é a época perfeita para iniciar novos projetos. O ano-novo motiva as pessoas a mudar seu comportamento, mas a maioria não vai além da euforia das primeiras semanas. No dia 1º de fevereiro, mais da metade desiste de seus propósitos, pois o estado emocional produzido pela passagem do ano já arrefeceu. Apenas um terço consegue perseverar nos primeiros seis meses críticos e incorporar um novo comportamento.

Alguns estudos demonstram que a inteligência emocional demora seis anos para absorver novos hábitos.[2] A prática regular leva o cérebro a adotar os novos comportamentos como hábitos bem-sucedidos.

Nos capítulos subseqüentes, você vai aprender novas estratégias para aperfeiçoar seu Q.E. Lembre-se apenas de que não basta agir de modo diferente; é preciso exercitar isso de forma regular, até que esses novos comportamentos sejam incorporados ao seu jeito de ser. Esse processo repetitivo fortalece o caminho entre a emoção e a razão, melhora a inteligência emocional e transforma o que é temporário em duradouro.

Capítulo 6

DESENVOLVENDO SUAS HABILIDADES

COMPETÊNCIA PESSOAL

aperfeiçoando sua autoconsciência e sua autogestão

"Você não se afoga quando cai na água; apenas se permanecer lá."

EDWIN LUIS-COLE

O músico Ray Charles aprendeu a lidar com situações de extrema dificuldade desde a infância. Talvez esse seja o segredo da sua competência pessoal e do seu sucesso profissional. Vivendo em uma comunidade pobre com a mãe e o irmão mais novo durante o auge do período da Depressão, o futuro de Ray era, no mínimo, pouco auspicioso. Ele tinha cinco anos quando seu irmão morreu afogado em uma enorme bacia; logo em seguida ele começou a apresentar sinais de perda de visão. No curto período de dois anos, ficou completamente cego. Sete anos depois, sua mãe morreu, aos 32 anos – "uma das experiências mais devastadoras da minha vida", conforme ele relata em sua autobiografia.

A dor era tamanha que Ray não conseguia comer nem dormir; sentia-se ausente. "O maior problema é que não conseguia chorar nem arrancar a tristeza de dentro de mim, o que fazia com que me sentisse ainda pior."[1] Ma Beck, uma amiga da família, ficou impressionada com a profunda introspecção de Ray e um dia o chamou para conversar. Disse-lhe que o desejo de sua mãe seria que ele progredisse na vida e usasse bem seu talento.

Ao descrever essa passagem, já adulto, Ray contou ter chorado pela primeira vez nos braços dessa senhora, "gritando pela dor guardada dentro do peito, chorando pela perda e pelo luto e pelas doces lembranças que tinha de minha mãe". Só quando conseguiu enfrentar sua dor mais profunda ele começou a utilizar aquela experiência dolorosa em sua música. Dizia que, por mais estranho que pudesse parecer, aqueles acontecimentos haviam sido extremamente positivos. "O que eu consegui realizar desde então nasceu do fato de eu ter me reconciliado com aquela tristeza."[2]

Competência pessoal é isso – é a capacidade de conhecer a si mesmo e de aproveitar o máximo de seu potencial. Não significa ser perfeito ou ter controle total de suas emoções, mas permitir ser guiado pelos sentimentos. No caso de Ray, suas emoções o ajudaram a produzir uma música de grande força. Ele não desenvolveu essa competência com facilidade; levou anos para obtê-la e no processo aprendeu a deixar que sua tristeza se juntasse à música que brotava de dentro dele. Seus gritos de lamento foram uma das grandes contribuições e sua marca registrada para a música popular.

Aprenda com o desconforto

O maior obstáculo para o desenvolvimento da competência pessoal é a propensão a evitar o sofrimento causado pela autoconsciência. Mais de 2/3 das pessoas testadas têm uma enorme dificuldade em assumir suas fraquezas. A razão é simples: admiti-las pode causar sofrimento. O problema é que fugir não resolve nada. Encarar o sofrimento e, por fim, superá-lo é a única maneira de mudar para melhor. Você não pode ser bem-sucedido se ignorar as mudanças.

Isso se aplica até mesmo a perturbações emocionais superficiais, tais como tédio, perplexidade ou pressentimento. Quando você ignora esses sentimentos, perde a oportunidade de usá-los de forma produtiva. O pior é que eles não desaparecem ao ser ignorados. Quando você menos espera, eles vêm à tona de novo.

Segundo o economista Peter Drucker, para gerenciar pessoas de forma bem-sucedida é preciso estar consciente da própria arrogância.[3] Todos nós temos ou fazemos algo sobre o que não refletimos por considerá-lo irrelevante. No campo da competência pessoal, algumas pessoas acham que só os fracos pedem desculpas e, por isso, não percebem quando isso se faz necessário. Outras detestam ficar deprimidas e se comportam como se estivessem sempre em clima de festa. Os dois tipos de pessoas precisam ter coragem para enfrentar os sentimentos que possibilitarão uma mudança. De outro modo, continuarão a trilhar um caminho desanimador e improdutivo, repetindo os mesmos padrões de comportamento.

Depois que você decidir encarar suas angústias, constatará que o problema não é tão grave assim, que ele não vai lhe destruir e que você pode até tirar proveito dele. Um bom exemplo é um estudante de medicina tímido. Já que uma boa relação com os pacientes é essencial para seu sucesso profissional, ele deveria começar bem cedo a tentar mudar esse comportamento. Para isso, ele precisa estar consciente da sua dificuldade e da importância de superá-la.

Os efeitos do aumento do nível de autoconsciência são surpreendentes. O simples fato de pensar no assunto já ajuda a mudar, embora o foco inicial esteja nos "erros" emocionais. Não tenha medo dos mal-entendidos emocionais, pois são o novo caminho a ser seguido. São eles os responsáveis pelas informações necessárias para desenvolver seu autoconhecimento ao longo da vida.

A fim de melhorar sua capacidade de reconhecer as emoções, é preciso pensar no conjunto de sentimentos expressos pelas pessoas. Há uma enorme quantidade de palavras para descrever o que sentimos durante a vida, embora todas derivem de cinco sentimentos básicos: felicidade, tristeza, raiva, medo e vergonha.

O nível de complexidade dessas emoções surge quando se observa a variação de intensidade com que elas se expressam. Ter a capacidade de sentir todo tipo de emoção não é o mesmo que atingir a autoconsciência. Para reconhecer uma emoção de forma correta, você precisa estar atento ao seu termostato interno – os pensamentos e os sinais físicos que acompanham um sentimento, assim como as crenças e as sensações que os envolvem.

Ter um alto nível de autoconsciência significa ser sensível e capaz de identificar a emoção em curso. Os termostatos das pessoas funcionam de formas diferentes: seus pensamentos podem acelerar-se ou permanecer adormecidos; você pode sentir calor, frio ou dormência; seu coração pode reduzir ou acelerar os batimentos cardíacos; você pode sentir tensão muscular; ter a visão limitada; sentir um aperto na garganta ou um formigamento por todo o corpo.

A tabela na página seguinte ajuda você a identificar quais são suas emoções mais freqüentes e também a lembrar de exemplos pessoais que demonstrem o grau de intensidade das cinco emoções mais importantes. Essa prática expandirá sua autoconsciência emocional e servirá de guia para administrar essas emoções quando elas surgirem.

O mesmo acontece com as tendências pessoais: cada um tem a sua própria maneira de reagir às diferentes situações. É sempre desconfortável quando nos esforçamos para melhorar, mas sentimos que o processo está incompleto ou que ainda não o dominamos. Tememos errar publicamente, embora cometer erros faça parte do processo de desenvolvimento pessoal. Nós nos entusiasmamos, mas tentamos reprimir nossas emoções e apagá-las. O ideal é tentar agir de modo diferente. Para trabalhar as habilidades da inteligência emocional é preciso assumir a responsabilidade pelas dificuldades a serem enfrentadas.

A prática das aptidões da inteligência emocional nos torna mais eficientes em localizar e usar as emoções em nosso benefício em todas as situações. As pessoas com alto grau de inte-

Intensidade dos sentimentos	FELIZ	TRISTE	ZANGADO	AMEDRONTADO	ENVERGONHADO
Alta	Alegre Excitado Regozijado Vibrante Exuberante Enlevado Estimulado Encantado	Deprimido Decepcionado Solitário Magoado Abatido Desanimado Pesaroso Infeliz	Furioso Raivoso Ultrajado Irritado Enraivecido Perturbado	Aterrorizado Horrorizado Injuriado Petrificado Amedrontado Apavorado	Pesaroso Arrependido Vergonhoso Desprezível Desvalido Desonrado
Média	Contente Animado Prazeroso Feliz Satisfeito	De coração partido Desanimado Triste Angustiado Pesaroso Melancólico	Contrariado Exasperado Furioso Frustrado Agitado Aborrecido	Assustado Amedrontado Ameaçado Inseguro Desconfortável Chocado	Contrito Caluniado Furtivo Culpado
Suave	Alegre Satisfeito Divertido Disposto Agradecido	Triste Mal-humorado Melancólico Perdido Descontente Insatisfeito	Perturbado Aborrecido Incomodado Desconsertado Irritado Melindrado	Apreensivo Nervoso Preocupado Tímido Inseguro Ansioso	Envergonhado Desapontado Decepcionado

As cinco emoções essenciais aparecem da esquerda para a direita no alto do quadro. Manifestações de cada emoção segundo a intensidade estão descritas em cada coluna do quadro.[4]

ligência emocional são as que começaram cedo esse processo. Pessoas como Ray Charles, por exemplo, quando confrontadas com grandes dificuldades, provavelmente cometeram erros ao longo do caminho e acharam os desafios tão espinhosos quanto você. Não tenha dúvida: para desenvolver seu Q.E., elas também fracassaram em muitas tentativas. A diferença é que perseveraram.

Aqueles que têm alto grau de Q.E. enfrentam suas inquietações, cometem erros, praticam e aprimoram suas capacidades sem cessar. Se você quer ser um deles, reflita sobre como e onde focar seus esforços em situações importantes. Não ignore nenhum detalhe. Para enfrentar suas angústias com mais facilidade, use as seguintes técnicas:

Controle seu comportamento

Diversas pessoas relataram suas experiências de vida relacionadas a cada aptidão da inteligência emocional. Perguntamos o que funciona melhor quando querem controlar seu comportamento e três homens disseram sentir-se mais à vontade para falar a respeito do que não gostam de fazer, especialmente quando se trata de projetos nos quais eles sabem que não terão um bom desempenho. Para eles, o autocontrole ajuda a superar o desconforto de assumir um "defeito" e a tornar-se uma pessoa assertiva. Todos tinham entre 48 e 52 anos e só conseguiram superar o medo de ser considerados pouco cooperativos após terem se estabelecido profissionalmente e aprendido a se conhecer.

Ter autocontrole não significa apenas dominar um comportamento explosivo ou problemático. Talvez o maior desafio que as pessoas enfrentam seja o de controlar suas tendências ao longo da vida e usar essa habilidade em diferentes situações. Circunstâncias passageiras em que devemos exercer o controle sobre nós mesmos (por exemplo: "Estou tão furioso com esse miserável!") são as mais fáceis de ser percebidas e administradas. Nossa verdadeira condição aparece quando colocamos as necessidades transitórias de lado e visamos objetivos maiores.[5] A realização desses propósitos é muitas vezes adiada, o que significa que o nosso nível de autocontrole será testado várias vezes.

As pessoas que melhor conduzem suas vidas são aquelas capazes de avaliar os fatos com discernimento. O sucesso vem para quem consegue minimizar suas necessidades e controlar suas tendências. Se você está começando a reconhecer seus padrões de emoções e angústias, descreva as coisas que vê, faz, pensa e sente em situações perturbadoras. Isso o ajudará a identificar suas reações quando as emoções se sobrepõem.

Converse com amigos e colegas para saber o que eles pensam a respeito de seu comportamento. Assim será mais fácil identificar seus padrões e estabelecer a relação entre um acontecimento e a maneira como você responde a ele. Esse feedback pode ser o elemento-chave que fará você conhecer melhor a si mesmo.

Fazer um planejamento prévio ajuda a enfrentar o desconforto causado por esse processo de aprendizado. Caso seja possível antecipar a conversa difícil que terá com o diretor da escola de seu filho, reflita por alguns minutos sobre como vai administrar sua frustração e decida o que irá ou não irá dizer. Se você sempre compra algo desnecessário ou além de suas condições quando entra em uma loja de eletrônicos, crie uma estratégia para lidar com o sentimento de decepção ao sair da loja de mãos vazias. São esses momentos que revelam traços importantes de sua personalidade. Assim como o treinamento adequado para uma maratona leva a um melhor desempenho, preparar-se para uma situação difícil, com certeza, irá melhorar sua atuação.

Quando uma emoção desagradável surpreendê-lo, pense antes de reagir. Você pode precisar de alguns instantes, um dia ou até semanas. No momento em que sentir o sangue subir, diminua o ritmo, respire fundo e reflita antes de agir. Se uma frase de seu filho adolescente o enfurecer, a melhor providência é sair da sala e encontrar um lugar onde possa se acalmar. Se for preciso, saia de casa por algum tempo e, assim, ao voltar, você será capaz de enfrentá-lo.

A fim de administrar bem seu comportamento, é preciso descobrir as situações que provocam fortes emoções e como agir diante delas. Se alguém ultrapassa bruscamente seu carro, é natural que você tenha o impulso de mostrar sua desaprovação pela maneira como a outra pessoa dirige e "agradecer" por ter posto sua vida em risco. Mas, se refletir, perceberá que, se resolver se aproximar muito do outro carro, estará correndo ainda mais perigo que antes. Se o motorista pisar no freio, você terá menos tempo para parar seu carro.

Demonstrações de fúria no trânsito refletem sentimentos de frustração e de raiva – se puder, evite situações de confronto. Experimente continuar dirigindo sem olhar para o outro motorista. Em poucos minutos você vai se sentir calmo de novo. Isso é um ato de competência pessoal.

Falar sozinho pode parecer um conselho estranho, mas é um método poderoso para controlar seu próximo passo e até mesmo sua próxima emoção.[6] Não precisa falar alto, basta manter um diálogo mental. Todos nós fazemos isso e, conscientemente ou não, nossa conversa interior tem um grande impacto sobre nosso comportamento.

Se você pensa em telefonar para uma garota para convidá-la para sair, talvez nunca o faça se dentro da sua cabeça houver uma mensagem constante dizendo: "Ela não vai aceitar o convite. Por que ela haveria de querer sair comigo?" O hábito de falar sozinho muda nosso roteiro interno para algo mais promissor, como por exemplo: "O que tenho a perder? Nunca vou saber se não ligar. Quem sabe? Talvez ela diga sim."

Embora soe muito infantil, essa sugestão pode se tornar um dos mais poderosos determinantes das nossas ações. Ray Charles dizia a si mesmo que deveria seguir lutando, pois era isso que sua mãe esperava dele. Esse tipo de mensagem mental é muito mais forte do que "Por que vou me preocupar? Minha família toda já se foi. Ninguém se importa com o que acontece comigo".

Pedir conselhos a alguém que possa observar seu comportamento de forma mais objetiva também é uma tática eficiente para aprender a administrar suas tendências. A questão não é perguntar o que as pessoas sugerem que você faça, mas sim como elas percebem a situação. Acham que você está sendo levado pelas suas emoções? Têm uma visão diferente da sua? Qual era a sua expectativa?

Se a situação for muito difícil ou complexa, pode ser necessário pedir uma terceira ou uma quarta opinião. O importante é ter segurança para traçar seu caminho. Nada é pior do que ficar preso a uma única opinião tão distorcida quanto a sua. No caso de Ray Charles, uma segunda opinião não muito bem-vinda mudou sua vida.

COMPETÊNCIA SOCIAL

ouvindo para que as pessoas falem e falando para que as pessoas ouçam

"Ao lidar com pessoas, lembre-se de que você não está lidando com seres lógicos, e sim com seres emocionais."

DALE CARNEGIE

Rebecca adorava trabalhar para uma grande cadeia varejista, mas seu chefe a pressionava constantemente e isso tornou o trabalho insuportável. Ela acabou procurando o diretor de RH e relatou como se sentia frustrada pelas atitudes de seu chefe, sempre a interrompendo no meio de uma frase e nunca se mostrando disponível para reunir-se com ela. Como a empresa não desejava perder Rebecca nem os outros funcionários que reclamaram das mesmas coisas, o diretor de RH decidiu entrar em ação. Aproveitando o fato de que já estava em andamento um programa de coaching para gerentes, ele marcou uma reunião com o chefe de Rebecca e conversou sobre suas habilidades no campo da inteligência emocional.

No início, ele fez uma pesquisa tipo 360° para coletar informações da equipe. Cada colaborador podia responder, anonimamente e pela intranet da empresa, a perguntas sobre a habilidade do chefe de interagir com outras pessoas. O chefe de Rebecca se surpreendeu com as respostas, pois não tinha percebido que suas dificuldades no trato social prejudicavam a relação de trabalho. Mas ele logo elaborou um plano para melhorar seu Q.E.: passou a ouvir as pessoas e a manter encontros regulares com a equipe. Embora atuasse de modo um pouco mecânico no início, conseguiu pôr em prática pequenas mudanças que fizeram toda a diferença. Não se transformou no chefe perfeito, mas sua equipe se sentiu mais confortável de trabalhar sob suas ordens.

Como ouvir para que as pessoas falem

Saber ouvir é primordial para construir uma consciência social. Requer muito empenho e uma mistura de autocontrole e capacidade de realizar diferentes tarefas ao mesmo tempo. Para ouvir atentamente, é fundamental interromper muitas coisas que nos dão prazer. É preciso interromper o monólogo interior, não antecipar a fala da outra pessoa nem o diálogo subseqüente.

Em casa, esse método inclui coisas simples como tirar o som da televisão ou parar de ler um livro e voltar-se para o membro da família que está falando com você. No ambiente profissional, pode significar fechar a porta de sua sala, desligar o celular e pôr a papelada de lado para dar atenção a quem lhe dirige a palavra. Quando você retira as barreiras inibidoras da conversa, todo mundo se sente respeitado e livre para se expressar.

Adquirimos conhecimento por meio dos cinco sentidos: paladar, tato, olfato, visão e audição. A maioria assimila grande parte das informações sobre seu comportamento por intermédio da audição e da visão, o que restringe a capacidade de avaliação dos fatos. O sexto sentido é o canal de percepção das emoções, e a forma mais importante de obter dados durante a interação com outra pessoa. Pense na última vez em que conversou com alguém e, apesar de as palavras fazerem sentido, algo sutil o deixou desconfortável. Talvez você tenha percebido que a outra pessoa agia mecanicamente, sem demonstrar prazer na conversa. Isso provavelmente causou uma sensação de desconsideração e distanciamento – essencial para que você possa analisar a situação, ajustar sua reação e determinar o melhor curso de ação.

Outra maneira de aprender a ouvir e deixar as pessoas à vontade para falar é agir como um antropólogo. Esse profissional ganha a vida observando os outros no seu habitat natural, sem permitir que os seus próprios pensamentos e sentimentos interfiram em seu julgamento. Isso é consciência social na sua mais pura forma.

Você pode bancar o antropólogo a qualquer momento, basta vigiar sua própria mente e distraí-la de seus pensamentos e sentimentos. Isso o ajudará a se concentrar no que está acontecendo à sua volta e fará com que as pessoas respondam positivamente à sua atenção. Você também terá a oportunidade de entender melhor a conversa e o comportamento dos outros, assim como o porquê de suas atitudes. Você se surpreenderá com sua capacidade de percepção e com as reações das pessoas quando focar o pensamento mais nelas do que em si mesmo.

Para conseguir identificar os sentimentos dos outros e entender como influenciam o comportamento deles é necessário praticar bastante. Esse é o desafio enfrentado por quem busca a excelência e a consciência social. Jogadores profissionais de pôquer passam muito tempo aprendendo a decifrar as pistas sutis deixadas pelos outros jogadores. Mas você não precisa se esforçar tanto, porque as pessoas se deixam levar por suas emoções o tempo todo – basta prestar atenção à linguagem corporal, ao tom e ao volume de voz e à velocidade dos movimentos de cada uma.

Não hesite em perguntar quando não tiver certeza do que está acontecendo com alguém. Dessa forma, você aprimora o nível de precisão de sua percepção e ainda valoriza o outro com sua gentileza. Uma simples pergunta – "Você está decepcionado?" – pode se converter em um instrumento poderoso, ajudando-o a evitar interpretações errôneas da experiência alheia.

Como se expressar para que as pessoas prestem atenção

Quanto mais frágil for sua ligação com alguém, mais difícil será estabelecer um entendimento. Se quiser que prestem atenção no que você está falando, é preciso colocar em prática a arte de gerenciar as pessoas e procurar os benefícios existentes em todas as relações, sobretudo nas mais desafiadoras. A diferença entre uma interação e um relacionamento é a freqüência. Trata-se de uma questão de qualidade, profundidade e do tempo que você investe no relacionamento.

Quando você encontra alguém pela primeira vez, a qualidade e a intensidade da relação podem ser relativamente superficiais e o tempo de convivência curto, mas à medida que você constrói uma história com a pessoa, um relacionamento começa a se formar. Se vai ser uma relação superficial, de amizade verdadeira ou algo no meio do caminho, vai depender da sua habilidade em conduzir os contatos pessoais. Agora, vamos nos concentrar no grau de responsabilidade que você tem nessa equação.

Primeiro, descubra o papel das emoções em seus contatos com os outros. As emoções estão presentes em cada conversa ou discussão, não importa quão superficial elas sejam. Se o seu humor está bom ou não, se você se sente entusiasmado ou aborrecido, tudo isso afeta a troca entre você e o outro. Quando os sentimentos assumem o comando da relação, as coisas ficam mais fáceis. Se a outra pessoa partilhar esse mesmo sentimento, será possível conversar a respeito e tentar evitar problemas futuros.

Sempre haverá momentos em que deixar as emoções aflorarem será um erro, mas, em geral, é possível reconhecer essas situações usando suas aptidões de consciência social. Se você conseguir falar sobre "o que está acontecendo", isso dissipará a força das emoções. Não há necessidade de se "retrair" com a outra pessoa; apenas diga o que está sentindo e pergunte se não haveria outra maneira de lidar com o problema. Cuidado para não fazer acusações e ao mesmo tempo se eximir de sua cota de responsabilidade diante do fato. A meta é encontrar um equilíbrio entre o que está sendo dito, a maneira como o assunto está sendo apresentado e as emoções que emanam de ambas as partes.

Em certas situações, até as amenidades contam. Conversas sobre a ida à praia no fim de semana ou sobre reuniões de família, atualidades e negociações às vezes criam problemas sem nenhuma razão aparente. O relacionamento quase sempre se deteriora quando as ligações pessoais ("Passamos o feriado com sua família no ano passado!") interferem nas decisões. As partes envolvidas vão continuar a discordar até que alguém lance mão do envolvimento emocional. Quando é a outra pessoa que está sendo passional, preste atenção ao que ela está sentindo sem que isso soe ameaçador.

Ao se interessar pelo sentimento do outro, você deve tentar apoiá-lo, concordando ou não com suas atitudes. Ser muito direto ao lidar com as emoções alheias pode deixar os outros na defensiva. Quando a reação emocional partir de você, tente assumir sua responsabilidade perante o conflito. Se precisar de mais tempo para entender suas emoções ou mesmo para se acalmar, peça-o de forma educada e firme. A situação fluirá com mais tranqüilidade se você conseguir explicar exatamente o que está sentindo.

Não há meio-termo para as emoções. Quando elas emergem, têm um impacto positivo ou negativo em todos os contatos entre duas pessoas. Portanto, é sempre importante demonstrar seu interesse pelo outro, não o esconda. As pessoas gostam de quem demonstra afeto por elas e prezam um feedback positivo; ninguém esquece um elogio bem formulado, preciso e sincero. Toda vez que você demonstra interesse, ajuda os outros a entender melhor o que é importante para você. O tempo extra que você leva sendo atencioso, educado e prestativo é sempre bem empregado. Afinal, um relacionamento se constrói a longo prazo.

PARTE IV

EFICIENTE EM DIVERSOS CENÁRIOS

Capítulo 7

USANDO A INTELIGÊNCIA EMOCIONAL NO TRABALHO

INICIANDO A PRÓXIMA ETAPA DO JOGO

como utilizar o Q.E. para progredir na carreira

"Não se preocupe em ser melhor do que seus contemporâneos ou antecessores. Tente ser melhor do que você mesmo."

WILLIAM FAULKNER

As emoções não desaparecem simplesmente porque precisamos trabalhar. Elas nos acompanham o dia inteiro como um bando de penetras palpiteiros e chatos. Quanto antes você se conscientizar delas, mais rapidamente retomará o controle de sua vida. Esse é o único caminho para tirar o máximo de cada dia e seguir na direção desejada em sua carreira.

Embora os desafios emocionais sejam diários, a experiência que tivemos durante um treinamento em um hotel no centro de San Diego mostra com clareza como é possível usar todo tipo de emoção em nosso próprio benefício. Travis estava em pé explicando os pontos principais da competência social quando um estranho entrou na sala. Tinha cerca de 1,80m de altura, cabelos escuros e desgrenhados, ombros meio caídos e a roupa toda manchada. Ao passar em direção às primeiras filas, ele esbarrou em várias pessoas com suas roupas imundas. Sua presença perturbou o ambiente.

Sendo um orador bem treinado, Travis não demonstrou surpresa. Situações inesperadas acontecem com muita freqüência e perder o controle seria desastroso. Depois de alguns minutos, o visitante inclinou-se em direção a Travis e perguntou, "Posso tomar um copo d'água?" Ele olhou para o homem e, em seguida, para a jarra de água gelada e para os seis copos vazios ao redor. Sorrindo, deu um copo d'água para o estranho. Depois de tomar um gole, o homem reclinou-se na cadeira, cruzou as pernas e preparou-se para uma noite motivadora sobre inteligência emocional.

Travis continuou sua apresentação, mantendo um olhar atento no estranho maltrapilho sentado na primeira fila. Jean esperava para começar sua palestra, em pé ao lado da porta. Sua mente agitava-se com vários pensamentos ao mesmo tempo: era óbvio que se tratava de um sem-teto, mas por que ele está sendo tão audacioso? Será que vai começar a incomodar os participantes? Como tinha conseguido chegar até a sala? Ela olhou para Travis, que continuava sua conferência sem esmorecer, embora ninguém na sala estivesse se concentrando no que estava sendo dito.

Nesse momento, ela percebeu que Travis estava lhe dizendo nas entrelinhas algo como "O.k., Jean, vou mantê-los sob controle até que você vá chamar o pessoal do hotel". Saiu então em disparada pela porta. Seus pensamentos corriam na velocidade de seus pés: por que não há ninguém nas outras salas de conferência? Onde está a equipe do hotel? Quando encontrou um funcionário e lhe explicou a situação, ele ligou imediatamente para a segurança pedindo ajuda. Um pouco mais confiante, Jean voltou para a sala. A platéia estava muito quieta. Ela olhou novamente pela porta em direção ao longo corredor: nenhum sinal de um guarda. Decidiu então dar um basta naquela situação.

Com o coração ainda disparado por conta da corrida, Jean levantou a mão e gritou por cima da voz de Travis que saía dos alto-falantes: "Por que não fazemos um intervalo e saímos um pouco?" As pessoas pularam das cadeiras como estudantes quando ouvem o sinal bater após a última aula antes das férias de verão. Em seguida, os guardas irromperam pela porta e foram direto na direção do desabrigado, que continuava sentado na primeira fila.

O aparecimento do visitante inesperado naquela noite mostrou como emoções exacerbadas podem se tornar um fator de desconforto. A sala de conferências ainda reverberava sentimentos intensos. Será que isso interferiu no que estava sendo realizado? Com certeza. Todos vão certamente se lembrar do visitante e de como se sentiram enquanto ele esteve ali, mas certamente não saberão reproduzir o que Travis dizia. Estamos falando do estranho até neste livro! Esse é o poder das emoções.

Momentos decisivos

Faz-se um esforço muito grande para entender a inteligência emocional e torná-la acessível às pessoas, mas mesmo quem trabalha em conjunto tem emoções e visões totalmente diferentes sobre uma mesma situação. Um bom exemplo foi o comportamento de Jean na sala de conferência. Enquanto esperava sua vez e observava a situação, seus pensamentos a colocaram em alerta. Já a experiência de Travis com deficientes mentais fez com que ele reconhecesse no homem sinais de uma forma "negativa" de esquizofrenia. As pessoas que se encontram nesse estado, em geral, não têm energia ou motivação para agredir os outros. Isso fez com que Travis se sentisse motivado a continuar falando na esperança de que a situação se resolvesse o mais rápido possível.

A tensão dentro da sala naquela noite foi grande, pois as pessoas não tinham a experiência emocional de Travis naquele tipo de situação. A maioria ficou nervosa e desconfortável com a presença do visitante, desejando que a sessão fosse interrompida imediatamente. Tudo isso aconteceu logo após a tragédia de 11 de setembro de 2001 e muitas pessoas temiam que as roupas largas usadas pelo homem pudessem estar escondendo uma bomba ou alguma arma perigosa.

Todos com quem falamos depois nos disseram que a situação provocara fortes emoções. Alguns mencionaram ter sentido a tensão desde o momento em que o homem entrou na sala. Travis fez uso da autogestão para manter o equilíbrio, mas, ironicamente – ele falava de consciência social –, não percebeu o crescente desconforto da platéia. Um breve exame dos rostos das pessoas teria lhe indicado que o melhor seria interromper a palestra, mas ele caiu na armadilha e se concentrou mais em si mesmo do que nos outros para contornar a situação.

Jean caiu na mesma armadilha. Suas emoções fizeram com que ela procurasse ajuda, quando deveria ter interrompido a sessão. Só quando voltou à sala é que percebeu que a melhor maneira de quebrar a tensão seria sugerir um intervalo. Cabe destacar que ninguém da platéia se manifestou, apesar de todos terem estudado métodos de treinamento em grupo. As emoções conduziram todas as ações – ou as inações – daquela noite.

A experiência serve a um propósito. Ela nos motiva a pensar e a tomar uma atitude. Quanto mais entendermos nossas emoções, mais fácil será tomar a decisão certa para resolver qualquer problema. O equilíbrio entre o pensamento e a emoção definiu o grau de êxito no caso do estranho que invadiu o seminário, como acontece em todas as situações difíceis. Não há forma certa ou errada de enfrentar um desafio. Em geral, quando analisamos a situação em um segundo momento é que descobrimos que algumas de nossas ações foram mais eficazes que outras.

O renomado professor da Harvard Business School, Joseph L. Badaracco Jr., descreve como momentos definidores de nossa carreira profissional aqueles em que devemos escolher entre o certo e o errado.[1]

É aí que as emoções são decisivas. Com freqüência, elas são os fatores determinantes que nos permitem escolher entre uma direção e outra. Se você usa suas experiências com a inteligência emocional no trabalho, elas servirão como guia quando você tiver de tomar decisões importantes sobre seu futuro profissional.

Em geral, quando estamos trabalhando, não vemos pessoas sem-teto entrando no local sem ser anunciadas, mas as emoções estão quase sempre tão ativas e variadas, e prontas a vir à tona, quanto na noite daquele incidente. É normal ter a sensação de que as emoções às vezes parecem nos dominar, mas há sempre a opção de usar a inteligência emocional para atingir algum objetivo. Para isso, é preciso perceber as diferentes situações, ter habilidade para lidar com os sentimentos resultantes e permitir-se experimentar novos comportamentos.

Você traz suas emoções para o local de trabalho todos os dias, mesmo que não preste atenção nelas. Estão presentes em todas as conversas, em todos os telefonemas e em cada decisão tomada. A intensidade e a variedade de sentimentos que surgem durante um dia de trabalho são espantosas. Descobrimos que as pessoas experimentam uma média de 27 emoções a cada hora. Considerando que em geral ficamos acordados aproximadamente 17 horas por dia, teremos cerca de 460 experiências emocionais do momento em que acordamos até a hora de dormir. Isso significa mais de 3 mil reações emocionais por semana e mais de 150 mil a cada ano!

De todas as emoções que experimentaremos durante a vida, cerca de 2 milhões acontecerão durante o período de trabalho. Não causa surpresa que as pessoas bem resolvidas emocionalmente são aquelas com as quais é mais fácil trabalhar. Provavelmente, são também as que mais conseguirão realizar aquilo que se propõem a fazer.

Comunicação e conflito silencioso

Comunicação e conflito mantêm uma relação harmoniosa, até porque os dois praticamente se anulam. É difícil tê-los juntos.

E, por mais estranho que pareça, nem sempre uma boa comunicação impede a ocorrência de grandes conflitos no ambiente de trabalho. Por quê? Porque não se pode evitar o conflito. O segredo é trabalhar as questões antes que se entre em choque. O atrito surge quando se coloca de lado um assunto e se falha em encaminhar uma saída construtiva para ele. O ideal é resolver os conflitos assim que eles aparecem e ainda são pequenos o bastante para serem solucionados.

Conflitos silenciosos crescem sem sinais visíveis, em meio a observações dissimuladas e pouco sinceras e uma tensão à flor da pele. Eles se alimentam da ausência de comunicação e da falta de esforço para entender por que a outra pessoa está na defensiva ou agitada. Os conflitos silenciosos resultam de problemas não resolvidos que levam a uma tensão crescente a ponto de impedir uma solução racional.

Orgulho ferido e mágoa são os sinais mais evidentes de um conflito silencioso. São sentimentos que sinalizam que as partes envolvidas esgotaram a possibilidade de entendimento. Como uma mera falha de comunicação evolui para um conflito silencioso? Examinemos uma situação típica para verificar como ela pode gerar um atrito.

Você está no seu escritório trabalhando em um documento importante. Lynne entra trazendo uma idéia para o projeto que vocês estão desenvolvendo juntos. Menos de um minuto depois, algo que ela diz lhe faz lembrar que você esqueceu de retornar um telefonema importante de um cliente. Daí em diante, nada do que Lynne fala tem importância; você não consegue mais prestar atenção. Seu desejo é que essa ansiedade desapareça, mas isso não acontecerá até que você dê o telefonema.

O mais comum nesse tipo de situação é deixar Lynne continuar falando, mas se desligar completamente. Sua cabeça fica pensando no problema e em como vai solucioná-lo enquanto Lynne segue discorrendo sobre o assunto, achando que o seu distanciamento é um sinal de desaprovação. Sem uma explicação de sua parte, tudo o que ela vê é um olhar estranho e frieza. Quando ela termina de falar, você a apressa a sair de sua sala dizendo que tem algo importante a fazer. Isso fará com que ela pense que você não se interessa pela opinião de ninguém a não ser a sua própria.

Sua ansiedade estraga a interação do momento e abre espaço para mal-entendidos. Agora você tem dois problemas: o telefonema atrasado e uma colega de trabalho ressentida. Qual seria a resposta emocionalmente inteligente nessa situação? Deixar de lado a preocupação com o telefonema ou dizer a Lynne o que estava preocupando você? Se decidisse pedir a compreensão dela e marcar uma hora para reencontrá-la mais tarde naquele mesmo dia, você evitaria a aflição pelo telefonema não dado e depois iria até a sala dela para continuar a conversa. Esse é o comportamento emocionalmente inteligente porque conduz a uma ação produtiva e mostra uma atitude responsável com um colega de trabalho.

A questão é que, no calor do momento, é improvável que a maioria consiga agir de acordo com o que mencionamos acima. As preocupações não deixam ninguém pensar racionalmente. Uma boa comunicação, nesse caso, pressupõe ter coragem de dizer a Lynne o que estava acontecendo – ao fazer isso, você cria a oportunidade de aprofundar sua relação com ela e evita que duas situações problemáticas piorem ao longo do dia.

GUIANDO SUA EQUIPE PARA O PRÓXIMO NÍVEL

como utilizar o Q.E. para conquistar seus objetivos

"Tudo aquilo que conseguimos realizar foi graças à ajuda de outras pessoas."

WALT DISNEY

Foi a típica crônica da tragédia anunciada. Os especialistas eram unânimes em seu diagnóstico: o ônibus espacial *Challenger* explodiria se fosse lançado em um dia de inverno rigoroso. Por que a Nasa não retrocedeu e manteve o lançamento do *Challenger* na manhã do dia 28 de janeiro de 1986, quando a temperatura era de 2ºC? Documentos oficiais apontam duas causas para a explosão: mau funcionamento da vedação O-ring e mau gerenciamento por parte tanto dos executivos da Nasa como das suas empresas fornecedoras. Mas a verdade é que a falta de inteligência emocional da equipe também contribuiu para aquele trágico acidente.[2]

Roger Boisjoly era um dos engenheiros que se esforçaram para reparar os defeitos causados por baixas temperaturas na vedação O-ring, sem sucesso. Por essa razão, no dia anterior ao lançamento, ele e sua equipe mostraram 14 gráficos para os executivos da Nasa detalhando sua preocupação com o risco de fazer o lançamento diante da previsão do tempo. Os únicos dados numéricos de que o grupo dispunha para justificar seu temor estavam desatualizados, mas eles recomendaram que não fosse realizado o lançamento com uma temperatura abaixo de 12°C.[3]

A equipe da Nasa no Centro Espacial Kennedy não recebeu bem a recomendação e avisou que manteria a data do lançamento. Roger pôs uma fotografia que mostrava o risco de lançamento em temperaturas frias em cima da mesa, enquanto seu colega, Arnie, fez um desenho ilustrando o problema. Inflexível, o chefe da equipe da Nasa levantou-se para ir embora. Ele não estava interessado naquelas explicações. Roger e sua equipe permaneceram sentados, impotentes. A sensação de derrota foi tão acachapante que, na teleconferência final, o grupo nem reafirmou aos seus superiores e à equipe da Nasa a recomendação de cancelamento da missão espacial.

Apesar do prognóstico de um desastre, eles acabaram aceitando passivamente a decisão dos superiores; não conseguiram separar os sentimentos de frustração e raiva dos de tristeza, fúria e desamparo. "A decisão me deixou tão aborrecido que não lembro de Stanley Reinhartz da Nasa perguntando se alguém ainda tinha algo a dizer na teleconferência", conta Roger.

O poder da inteligência emocional coletiva

Assim como cada pessoa tem suas próprias habilidades de Q.E., quem trabalha em equipe conta com um Q.E. coletivo. É isso que explica por que os grupos agem em uníssono, como no caso dos engenheiros contra a Nasa. A inteligência emocional coletiva engloba competências como a forma de se relacionar com os outros membros da equipe, tomar decisões e reagir a outros grupos.

Esse conceito foi criado em 1998 pela *Harvard Business Review*.[4] Ele expressa o modo construtivo como membros de grupos emocionalmente inteligentes reagem em situações emocionalmente desconfortáveis, influenciando uns aos outros de maneira positiva. Simplificando: as pessoas conseguem melhores resultados e se sentem mais satisfeitas quando trabalham em conjunto.

A inteligência emocional coletiva inclui primordialmente habilidades de gerenciamento das emoções dos participantes, dos relacionamentos entre eles e também com outras pessoas e grupos externos. É essencial ser capaz de identificar e entender as emoções quando elas vêm à tona no grupo. As quatro aptidões mais importantes são: consciência emocional, gerenciamento emocional, gerenciamento de relacionamentos internos e gerenciamento de relacionamentos externos.

Consciência emocional coletiva

Trata-se da habilidade de um grupo de pessoas em distinguir com precisão as emoções que as influenciam. Isso inclui identificar como cada participante tende a responder a situações específicas. Por exemplo, pense em um grupo de trabalho cuja apresentação para o presidente da empresa tenha sido adiada por um mês.

Eles haviam trabalhado arduamente nesse projeto e por isso o adiamento foi mal recebido. Todo mundo ficou decepcionado e aflito com as etapas que deixariam de ser realizadas dentro dos prazos que eles haviam estabelecido. Reprimir esse sentimento apenas prolongaria a angústia; o melhor é entender como as emoções interferem em seus planos e refazer o planejamento de forma que o projeto continue fluindo. Um

A inteligência emocional coletiva é composta de quatro aptidões: a consciência das emoções que emergem durante o trabalho em conjunto, o modo como as pessoas lidam com as emoções e como lidam com os relacionamentos, tanto dentro do grupo como com participantes externos.

grupo com consciência emocional identifica a frustração e o descontentamento e incentiva as pessoas a expressar seu desapontamento.

A consciência emocional coletiva resulta, em grande parte, da capacidade de percepção dos participantes e de como as emoções influem em seu trabalho. Será que as pessoas sabem o que acontece quando a equipe está mal-humorada, demasiadamente excitada, na defensiva, desesperançada ou se sentindo ameaçada? Como as pessoas reagem diante das mesmas situações – da mesma forma ou cada qual de um jeito? Os sentimentos estão suplantando os debates ou são reprimidos e nunca explorados?

As respostas a essas perguntas revelam as tendências emocionais de um grupo. Tendências são padrões repetidos de respostas quando as emoções afloram em um grupo. Os participantes devem explorar essas tendências com o intuito de construir suas próprias habilidades de consciência emocional. Da mesma forma que as empresas têm uma cultura em que certos padrões de comportamento são incentivados em detrimento de outros, cada grupo desenvolve sua própria cultura emocional.

Há regras veladas sobre até que ponto se deve reconhecer e explorar as emoções. Alguns grupos apreciam emoções fortes enquanto outros evitam sentimentos desconfortáveis a todo custo. Os que são emocionalmente conscientes identificam os sinais emocionais importantes como informações fundamentais que devem ser utilizadas para ajudar na conquista de resultados.

Gerenciamento emocional coletivo

A habilidade dos integrantes de um grupo em usar seu conhecimento das emoções como um todo permite certa flexibilidade e um comportamento franco e positivo. Isso significa saber lidar com a reação emocional coletiva em resposta a uma dada situação. Os grupos que conseguem controlar essas tendências são muito mais produtivos.[5] Usando o exemplo da equipe cuja apresentação para o presidente foi adiada, caberia a pergunta: será que os participantes ficarão muito desapontados pelo atraso de um mês em seu projeto? É provável que as próximas reuniões sejam conturbadas, mas a verdade é que um grupo emocionalmente inteligente saberia como lidar com essas emoções, inclusive usando o tempo extra para aprimorar sua apresentação.

Uma equipe com habilidades eficazes de gerenciamento

emocional tem pelo menos uma ou duas pessoas capazes de tirar o grupo de um estado de abatimento e fazê-lo retomar a ação. Isso não significa recomendar que esqueçam a decepção. Muito pelo contrário, o ideal seria incentivar o grupo a sentir a frustração e o desapontamento, mas também olhar de modo construtivo em direção ao futuro.

Essa é uma das habilidades mais difíceis dentre as quatro aptidões da inteligência emocional, porque quase ninguém se sente confortável de expor e discutir suas emoções em público. É preciso trabalhar em conjunto para notar quando as emoções levam ao progresso do grupo. Por exemplo, se os membros de um grupo se mostrarem animados e motivados após a visita de um dos mais importantes executivos da empresa, que veio agradecer-lhes pelo que conseguiram realizar, sua disposição para correr riscos e ser ainda mais criativos será reforçada.

Da mesma forma, se esse estado de exaltação resvalar para um excesso de cuidado ou de negação em relação à possibilidade de cometer erros, o grupo poderá deixar de assumir riscos significativos. O próximo passo depois do sentimento de entusiasmo é uni-lo à razão e à ação. Gerenciar emoções de forma coletiva significa perceber quando elas estão cumprindo o seu papel e conduzi-las de modo que o grupo possa seguir adiante.

Gerenciamento de relacionamentos internos

Essa habilidade se refere à maneira como os participantes do grupo interagem, especialmente se é eficaz ao enfrentar situações difíceis e desafiadoras. O gerenciamento de relacionamentos internos está ligado à soma das capacidades individuais de se relacionar de forma construtiva com os outros componentes da equipe.

Suponha que um participante viva sob grande estresse no ambiente doméstico e por isso não esteja conseguindo produzir relatórios impecáveis dentro do prazo. Ocorre que o grupo depende desses relatórios para tomar decisões. Nesse caso, deve a equipe evitar o confronto e aceitar os relatórios da forma que são apresentados? Ou deve pressionar o colega, enviando-lhe notinhas ásperas via e-mail, ou então ir à sua sala para oferecer apoio e ajudá-lo a esboçar os relatórios?

Não esqueça que os esforços para gerenciar relacionamentos fortalecem os laços entre os participantes. E também minimizam os desafios que aparecem quando as emoções são intensas. As habilidades de gerenciamento são fortalecidas pela competência social de cada um, mas o desempenho do grupo melhora quando cada membro assume a responsabilidade de tomar consciência das suas próprias emoções.

Durante as reuniões de grupo, a autogestão e a consciência social são cruciais, pois evitam problemas tais como interromper ou ignorar as pessoas ou mesmo rebaixá-las. Cada participante é responsável por desenvolver e manter um relacionamento profissional positivo – ou, pelo menos, produtivo – com todos os membros do grupo.

Gerenciamento de relacionamentos externos

Pense em uma equipe de design que convida alguém da área de controle de qualidade para a reunião final de planejamento de um novo produto. Há três maneiras de ele ser tratado: como um intruso a ser ignorado, como membro do grupo ou como um convidado muito bem-vindo.

O grupo que consegue, de forma proativa, aceitar os conselhos e as opiniões de quem detém o poder de decisão está usando suas habilidades de gerenciamento em seu próprio benefício. Esse entrosamento, na maioria das vezes, impulsiona os objetivos coletivos e aqueles que não se preocupam com isso retardam o ritmo de sua caminhada em direção ao sucesso.

É comum que os grupos se concentrem somente nas relações internas e isso cria ciladas a longo prazo. Um grupo que teve um excelente desempenho pode comemorar com entusiasmo exagerado e esquecer de agradecer às pessoas que contribuíram para que isso fosse possível. Quando, no futuro, surgirem dificuldades, esse grupo terá dificuldade para encontrar quem o ajude.

Os grupos têm de lutar para obter recursos ou para conseguir a aprovação dos seus projetos. Saber usar sua influência também faz parte do gerenciamento de relacionamentos externos, pois pressupõe a escolha de um "embaixador", uma pessoa bem-relacionada para dar visibilidade e apoio ao trabalho realizado pelo grupo. A equipe de engenheiros que trabalhava com a vedação O-ring possuía informações importantes, mas não conseguiu influenciar aqueles que tomavam as decisões. O trabalho de campo – no caso, o bom relacionamento com o mundo exterior – não fora planejado com antecedência.

Vinte anos após a tragédia com o *Challenger*, o ônibus espacial *Columbia* explodiu ao entrar na atmosfera. Uma das causas, segundo a Comissão de Investigação do Acidente, foi a postura da Nasa: "Cega por uma atitude excessivamente confiante, uma característica da era Apollo hoje totalmente inapropriada, considerando que o programa espacial atual é tão engessado por pressões de cronograma e cortes orçamentários que a equipe técnica foi obrigada a se apropriar de peças sobressalentes de um veículo para que o outro pudesse ser lançado."[6]

Depois que o ônibus espacial *Columbia* foi lançado, foram identificados perigosos destroços da camada cerâmica termoisolante presente na cobertura da nave que poriam em risco sua aterrissagem. A engenharia da Nasa claramente priorizou questões de custo e de prazo em detrimento da segurança. Chegaram inclusive a sugerir possibilidades de aterrissagem em vez de planos para uma missão de resgate. Faltou à Nasa inteligência emocional para se sobrepor a interesses políticos e resgatar a missão marcada pelo infortúnio.

Aprimorando a inteligência emocional coletiva

Embora as pesquisas formais sobre inteligência emocional coletiva estejam ainda em uma fase muito inicial, ficou demonstrado que os grupos com um Q.E. elevado conseguem alcançar seus objetivos e contribuir mais para o sucesso das empresas do que aqueles que não possuem essa habilidade. A capacidade de concentração nas tarefas e na busca dos objetivos também aumenta na mesma proporção.

Qualquer grupo que queira desenvolver aptidões de inteligência emocional poderá fazê-lo. Basta treinar as habilidades nessa área para que o desempenho profissional do grupo como todo se eleve, assim como os níveis individuais de Q.E.[7] A etapa mais difícil é saber o que deve ser melhorado. Afinal, não basta ter um bom Q.E., é preciso saber usá-lo em seu benefício. Ninguém é emocionalmente inteligente o tempo inteiro. Momentos de desânimo ou de excessiva confiança fazem parte do jogo. O importante é que os outros membros do grupo mantenham o equilíbrio entre as emoções irreais ou pouco proveitosas, e ajudem o grupo a manter o pé no chão.

Para isso, é preciso que as pessoas tenham tempo para se conhecer. Só a convivência permite que elas entendam umas às outras. Uma técnica muito conhecida é marcar encontros fora do local de trabalho com o intuito de descobrir um pouco mais a respeito dos valores, interesses, talentos e estilos de cada um. Os participantes também devem analisar coletivamente, no início de uma reunião, os pontos importantes de qualquer projeto que estejam desenvolvendo juntos.

Situações desagradáveis acontecem por alguma razão. Os grupos precisam descobri-la. Se alguém está se sentindo abatido, resistente ou reativo, seu desconforto deve ser levado em consideração e ele deve saber que todo o grupo está procurando entendê-lo. Se o clima contaminar todo o grupo, alguém deve colocar o assunto em pauta: em geral, as pessoas se sentem aliviadas por não precisarem participar de algo de que discordem e por não ter de esconder sua verdadeira opinião. Uma discussão mais construtiva – ou, pelo menos, mais realista – pode então acontecer.

Um grupo pode aumentar sua expectativa emocional concentrando-se em uma conjuntura mais ampla. No caso de existirem opiniões contrárias, o ideal é discutir o assunto sob o enfoque de cada um. Se todos concordarem, pergunte: "O que estamos deixando de lado?" "Qual o ângulo que não foi levado em consideração?" Os membros mais extrovertidos e falantes devem fazer perguntas aos outros, especialmente aos mais introspectivos.

Quando a situação for incerta, alguém deve assumir o papel de incentivador e reforçar a confiança do grupo. Não precisa ser o líder, pode ser o mais novo membro do grupo ou alguém disposto a lutar para que a equipe desenvolva uma perspectiva mais positiva – o importante é que, juntos, os participantes se concentrem naquilo que o grupo faz de melhor.

Uma boa estratégia é relembrar os objetivos maiores e sua real importância, e minimizar a decepção e a frustração do momento. Passar em revista situações anteriores igualmente difíceis, em que a equipe reagiu e obteve bons resultados, também contribui para melhorar o ânimo geral, pois ajuda a vencer as armadilhas emocionais. Mas o mais importante é que todos assumam a responsabilidade pela situação e procurem aprimorar a inteligência emocional do grupo e alcançar suas metas.

Capítulo 8

USANDO A INTELIGÊNCIA EMOCIONAL EM CASA

RELACIONAMENTOS EMOCIONALMENTE INTELIGENTES

aprofundando a ligação com seu parceiro

"Setenta por cento das mulheres acham que o fator que determina se elas se sentem satisfeitas com o sexo, o romance e a paixão em seus casamentos é a qualidade da amizade que o casal nutre um pelo outro. Para os homens, o fator determinante é o mesmo. Com isso, pode-se afirmar que homens e mulheres são do mesmo planeta."

JOHN GOTTMAN, PH.D.

Meu avô ficou cego quando eu era criança. Depois de várias décadas lavrando o solo arenoso do Leste de Dakota do Sul, ele contraiu uma doença que destruiu sua visão. Isso fez com que aos 96 anos de idade ele fosse o meu ouvinte mais atento, e alvo precioso para minha carga de perguntas sobre relacionamentos – afinal, ele está casado com minha avó há 70 anos e costuma comparar essa relação aos anos passados na fazenda: um objetivo comum somado ao trabalho pesado os fez superar tempos difíceis.

Quando eles mencionam o que os manteve juntos, falam de uma devoção ao compromisso. Seja educando os filhos durante a grande depressão americana ou ficando presos em casa por dias durante a nevasca de 1962, eles investiram em atitudes como saber a hora de parar uma discussão em vez de intensificá-la. Até mesmo em momentos conflituosos, eles mantiveram o compromisso de entender a perspectiva do parceiro. Assim, sempre foram capazes de cuidar um do outro tão bem como dos seus milharais – evitando técnicas destrutivas a todo custo. Na condição de um casal emocionalmente inteligente, os dois permaneceram juntos graças a uma busca eterna de consenso. E colheram os frutos de sete décadas de amor e companheirismo.

Fazendo as pazes

Novos relacionamentos amorosos são similares à compra de um carro. Sair com ele da agência é pura felicidade. O cheiro, o som, a aparência – tudo parece ótimo. Você passa semanas, às vezes meses, dirigindo com o maior prazer até que um problema acontece pela primeira vez: alguma coisa quebra e é preciso consertá-la. Carros, assim como relacionamentos, demandam certos cuidados para funcionar corretamente. Algumas peças precisam ser trocadas de vez em quando, assim como uma parte do seu tempo e da sua disposição precisam ser investidos nessa tarefa. Muitas vezes acidentes acontecem, mas nada que uma visita ao mecânico não resolva. A manutenção correta faz mais pelo seu relacionamento do que simplesmente mantê-lo funcionando: ela é a chave para um relacionamento emocionalmente inteligente. Se o desgaste natural que acompanha uma relação não for bem conduzido, você e seu parceiro provavelmente ficarão parados no acostamento por conta de alguma falha mecânica.

Em estudos realizados na Universidade de Washington, Dr. John Gottman e sua equipe conseguiram prever o nível de divórcios futuros com 93% de precisão. E fizeram isso simplesmente observando casais durante cinco minutos e vendo com que freqüência eles faziam as pazes.[1] Essa porcentagem se confirmou para os casais com os quais a equipe manteve contato por 14 anos. A pesquisa aponta que a freqüência com que o casal discute é irrelevante; o esforço de cada parte para resolver o conflito de forma amigável e consertar a situação é o que determina o grau de sucesso da relação.

Fazer as pazes é essencial porque muitas discussões entre parceiros são baseadas em diferenças de opinião. Se você acha melhor desligar o ar-condicionado às 18 horas nos dias de verão para economizar e seu marido acha melhor desligar às 20 horas, nenhum dos dois estará com a razão. Entretanto, isso não vai impedi-los de discutir o assunto até o fim do verão. Desentendimentos são uma realidade. O que importa é como o casal lida com eles.

Uma relação emocionalmente inteligente é aquela em que o casal direciona sua atenção para o acerto das desavenças.

Isso demonstra amor e respeito para com o outro. Quando se discute com o parceiro, cada palavra e cada ato têm conseqüências positivas ou negativas, mas o importante é mirar na resolução do conflito. Pode ser uma sugestão de acordo ("Nesse verão vamos desligar o ar-condicionado às 19 horas"), a insistência na sua opinião ("Eu acho que desligar às 20 horas vai custar bem mais caro") ou uma tentativa de quebrar a tensão com um pouco de humor ("Se a gente morasse no Alasca, não haveria esse problema"). Ao tentar consertar a situação, você demonstra que respeita seu parceiro e se preocupa com ele; e que o amor dele é mais importante do que provar que você tem razão.

Fazer as pazes é o maior indicador de que o casal faz uso de habilidades de inteligência emocional. Mas é preciso compreender que uma reconciliação não resolve um desentendimento. É apenas um meio de superar a raiva, o ressentimento e a hostilidade do seu parceiro. A maior esperança de que há chance de reconciliação vem de sua própria autoconsciência. Você não pode ganhar uma discussão se suas emoções o traírem. Conflitos, em geral, despertam sentimentos em relação ao outro e, portanto, manter o controle de seu comportamento e de suas emoções pode representar um enorme desafio.

Não perca tempo se culpando por seus sentimentos em uma discussão. Concentre-se em entender suas emoções. Se por acaso elas forem fortes demais a ponto de não permitirem um raciocínio claro, é melhor discutir o assunto em um outro momento. Se você estiver tão sensível que não consiga enxergar nada além do que está diante de si, mesmo a melhor tentativa de reconciliação irá se mostrar ineficiente. Diga a seu parceiro como você se sente e que precisa de um tempo para relaxar e organizar seus pensamentos. Não entre em uma discussão quando sentir que seu raciocínio está confuso e suas emoções estão à flor da pele.

Quando você estiver se sentindo mais calmo e conseguir tirar alguma conclusão sobre o problema, já pode dar o próximo passo em direção à paz. Use suas habilidades de consciência social para concentrar seus pensamentos nas opiniões do seu parceiro, e não no que você pensa que elas são. Nenhuma reconciliação funcionará se você não compreender o que seu parceiro está fazendo, seja lá o que for. Você tem de demonstrar que se importa com a opinião dele, mesmo que não assine embaixo. Seu objetivo deve estar muito além de apenas convencer seu parceiro a escutar suas idéias; é preciso questionar o que pode ser feito para valorizar os sentimentos do outro. Mostrar respeito pela opinião alheia – gostando dela ou não – é a chave mestra para o entendimento.

O aspecto de uma reconciliação bem-sucedida é tão variado quanto os problemas que ela é capaz de resolver. Uma atitude que funciona com determinada pessoa pode ter o efeito oposto com outra. Perguntar "O que você quer dizer com isso?" pode soar como menosprezo aos problemas durante uma discussão, mas também pode ser um sinal de que você deseja superar os atritos.

Tenha em mente que muitas vezes suas tentativas de acordo não surtirão efeito. Mesmo um comentário carregado de empatia como "Eu entendo seu ponto de vista" pode ser recebido como uma manifestação de desdém se seu parceiro estiver na defensiva. Prepare-se para testar uma série de modalidades de conciliação durante uma única discussão; não espere que os efeitos sejam imediatos, nem deixe que isso provoque mágoas ou egos feridos. Fortaleça-se e lute para aceitar a incompreensão de seu parceiro. Quanto mais você se esforçar, mais ele compreenderá e fará o mesmo. Sua insistência na busca de empatia e entendimento não passará despercebida se o outro estiver de fato envolvido.

Conversar sobre essas tentativas de conciliação também contribui para o relacionamento. Se o casal consegue comentar as discussões, é sinal de que já está pronto para fazer as pazes no próximo conflito. Relacionamentos costumam dar errado quando a busca de um acordo não é mútua. Os dois precisam trabalhar em prol da resolução do problema. Mesmo que um dos dois sinta dificuldade em recuar, o outro perceberá o esforço realizado e o entenderá como uma tentativa de mostrar preocupação e de melhorar a situação.

Use suas aptidões de inteligência emocional para discutir e solucionar brigas. Você deve identificar e entender seus sentimentos ao longo da discussão, o que pressupõe a capacidade de reconhecer que a conciliação é o melhor caminho. É importante usar sua habilidade de consciência social para "interpretar" a outra pessoa; dessa forma, você sentirá que a discussão flui melhor. Fazer as pazes não exige que ambos os parceiros ajam com inteligência emocional. Às vezes, somente um deles tem autocontrole suficiente para iniciar o processo. Quando o outro age da mesma forma, o relacionamento se fortalece.

PAIS EMOCIONALMENTE INTELIGENTES

criando uma criança feliz

"A felicidade dos pais é um mistério,
bem como suas dores e seus medos."

FRANCIS BACON

Jim Carrey teve uma infância difícil. Oriundo de uma família muito pobre, ele via seus colegas freqüentando a escola e praticando esportes enquanto ele trabalhava com os pais em uma fábrica de rodas. Chegou até mesmo a morar em um furgão com a família durante um ano. Mas a salvação de Jim era seu senso de humor. Suas caretas hilariantes provocavam gargalhadas, eram uma "válvula de escape" para os desafios do dia-a-dia.[2] Percy, seu pai, dava apoio incondicional ao talento do filho. Mais que tudo, ele queria vê-lo feliz.

Aos 14 anos, Jim participou de um concurso de piadas. Percebendo seu nervosismo, Percy se dedicou a treiná-lo em casa, pois queria ajudar o filho a transformar sua ansiedade em confiança. Ele sabia que Jim não alcançaria esse objetivo sozinho. A estréia não foi bem-sucedida, mas Percy convenceu Jim a prosseguir em sua carreira de comediante. Ele voltou aos palcos aos 19 anos e engrenou no circuito de programas cômicos do Canadá. As previsões do pai confirmaram-se, já que as platéias deliciavam-se com o humor de Jim.

Jim sabia que seu grande desafio seria atuar em Hollywood. Então fez as malas e partiu para a Califórnia. Depois de dois anos morando em motéis de beira de estrada e algumas participações medíocres, ele desistiu e voltou para casa. Mas Percy o convenceu a persistir. Quando retornou a Los Angeles, Jim adquiriu o hábito de dirigir seu velho carro até Mulhohalland Drive e estacionar em uma colina de onde descortinava Hollywood. Certa noite, ele fez um cheque nominal a ele mesmo, no valor de US$ 10 milhões. No verso, escreveu a frase: "Por serviços artísticos prestados." Quando Percy morreu, anos depois, Jim tinha conquistado Hollywood – seu cachê estava cotado em US$ 20 milhões por filme. No funeral, ao se aproximar do caixão, ele se inclinou, sussurrou um adeus e pôs aquele velho cheque de US$ 10 milhões no bolso do terno do pai, como símbolo de reconhecimento ao seu apoio incondicional.

De fato, os pais têm uma oportunidade única para influenciar a inteligência emocional dos filhos. No caso de Jim, seu pai não só o ajudou a acreditar em seu talento como o convenceu a tirar proveito dos obstáculos que surgiam. Como a inteligência emocional não é uma característica inata, Percy conseguiu ensinar ao filho que o autocontrole o levaria a concretizar seu imenso potencial.

Pode parecer estranho, mas raros são os pais que têm noção da importância de sua orientação e seu apoio para o desenvolvimento da inteligência emocional dos filhos. A maioria se preocupa em expandir o Q.I. deles, esquecendo que o ideal é ter um bom desempenho na vida pessoal e na vida profissional. É comum que um líder carismático seja um pai ausente. Isso ocorre porque a habilidade nos negócios e na relação com a equipe de trabalho desaparece quando ele tem de forçar o filho rebelde de três anos a vestir o pijama. Uma motivação adequada para o aprimoramento de aptidões emocionais pode e deve ultrapassar a linha imaginária que muitos de nós criamos para separar o ambiente de trabalho do lar.

Os desafios enfrentados pelos parentes nem sempre definem a inteligência emocional de uma criança. Um estudo realizado na Universidade de Emory indicou que o Q.E. dos filhos é um reflexo da demonstração da inteligência emocional dos pais, não de suas angústias e aflições. Quando reprimimos um grito, nossos filhos nos imitam. Ao percebermos e compreendermos suas tristezas, eles aprendem a mostrar empatia pelos problemas dos outros. Ou seja, cada momento passado em família é uma oportunidade para demonstrar a inteligência emocional.

Pais que educam seus filhos em um ambiente emocionalmente inteligente geram crianças felizes e mais adaptadas à sociedade, com ótimas notas na escola, e que provavelmente serão adultos com grande chance de ter uma carreira profissional bem-sucedida.[3] E as pesquisas ainda mostram uma associação entre altos níveis de Q.E. e baixos índices de delinqüência juvenil. A capacidade que tem uma criança de expandir sua inteligência emocional contribui para um bom relacionamento com os colegas e reduz a chance de envolvimento com o álcool e o cigarro.

Treinamento por conflito

Um grande número de crianças tem mudanças de temperamento mais profundas e mais rápidas do que os adultos. Pergunte aos pais de uma criança de dois anos e meio e eles confirmarão a ocorrência dessas pequenas explosões – momentos de pura felicidade subitamente transformados em raiva extrema. O intervalo mágico se dá entre os quatro e os sete anos de idade; o momento em que os pais desfrutam a evolução da capacidade de expressão dos filhos é o período de maior freqüência de dramas provocados por fatos aparentemente triviais. Os pré-adolescentes começam a se conscientizar de suas atitudes e de seus sentimentos e ao entrar na adolescência experimentam emoções complexas (além do efeito dos hormônios!) e inesperadas.

Cada fase da educação caracteriza-se por emoções que vêm à tona das formas mais diferentes. Tanto os pais quanto os filhos são surpreendidos por sensações novas. Para ajudar as crianças a desenvolver suas habilidades de inteligência emocional, é preciso deixá-las à vontade, para que se sintam livres e estimuladas a vivenciar as novidades e aprender a compreendê-las.

Acolher as emoções dos filhos é um ato simples e corriqueiro, e muitíssimo produtivo. Partilhar os sentimentos – "É triste perder o cobertor preferido" em vez de "Pare de chorar, pois podemos comprar outro" – não dissipa a tristeza da criança, mas molda a consciência social e mostra que seus pensamentos e sentimentos são válidos. Crianças pequenas não percebem os acontecimentos com clareza, porém são capazes de absorver experiências como ninguém. E para que se tornem adultos emocionalmente inteligentes, devemos ensiná-las a lidar com seus sentimentos.

As emoções que brotam durante os conflitos colocam os pais em uma posição delicada. Quando os filhos fazem algo errado ou abaixo da capacidade deles, é difícil evitar uma recriminação. Seu tom de voz, sua habilidade e até o que você faz irão ensinar seu filho a compreender as emoções. Ao demonstrar compreensão com a raiva dele ("Todo mundo fica zangado em algum momento, não é?"), você lhe ensina mais sobre como deve se comportar da próxima vez do que se o arrastasse pelo braço para fora da sala.

Conflitos e casos de resistência passiva também criam situações tensas. Sentir que seu filho está vulnerável pode ser tão desagradável quanto vê-lo atacar um colega. Mas é bom lembrar que as crianças se expressam através de suas ações. É normal que umas batam em outras, ou mesmo que não reajam a agressões alheias até que aprendam a se expressar. A tarefa dos pais é gerar segurança nos filhos e guiá-los para um caminho produtivo.

Pais que usam sua inteligência emocional aumentam as probabilidades de seus filhos agirem da mesma forma no futuro. Lembre-se de que os resultados de seus esforços são de longo prazo. Seu filho crescerá com a capacidade de melhorar seus relacionamentos e controlar as emoções para que alcance seus objetivos na vida. Orientar os filhos nesse processo é tão desafiador e desconfortável quanto exercer o autocontrole em um momento difícil. O risco é acabar repetindo padrões dos quais não nos orgulhamos. Só progredimos quando optamos pela maneira mais eficaz em vez de escolher a mais rápida e a de mais fácil acesso.

A inteligência emocional fornece uma base sólida para a elaboração de uma nova perspectiva em todos os aspectos que são importantes na nossa vida. Aumentar o Q.E. é uma questão de acordar para as emoções que nos impulsionam no dia-a-dia. Quando as conhecemos bem, podemos decidir aonde elas nos conduzirão.

A inteligência emocional no dia-a-dia

Provavelmente você está se perguntando: o que devo fazer com o que aprendi neste livro? As idéias foram apresentadas na esperança de que você utilize seu tempo para desenvolver novas habilidades. A inteligência emocional é fruto de sua própria compreensão em relação a outras pessoas. Estudar modelos, decorar fatos e ler sobre motivação não lhe ensinarão nada. A saída é fazer a Avaliação de Inteligência Emocional e aperfeiçoar as aptidões descritas no seu perfil e que precisam ser mais bem elaboradas. Analise cuidadosamente os resultados e exercite seu Q.E. É treinando seu cérebro que você incorpora novos hábitos. Faça isso em cada área de sua vida – no trabalho, na escola, em casa, no relacionamento com os amigos e com seus vizinhos – e não haverá necessidade de se afastar de seus sentimentos. Todo o conhecimento necessário para exercitar a paciência, a persistência e a perspectiva de vida estará ao seu alcance.

APÊNDICE

O PASSO-A-PASSO DA AVALIAÇÃO DA INTELIGÊNCIA EMOCIONAL

Jean H. Riley, M.S.,

Quinn D. Sanders, M.S.,

Lac D. Su, M.S., e April D. West, M.S.

TalentSmart

Grupo de pesquisa psicométrica

Sempre que nos submetemos a um teste psicológico, é importante verificar a qualidade das questões e, sobretudo, entender o que indicam os resultados. Neste caso, saiba que a Avaliação da Inteligência Emocional foi elaborada de acordo com os padrões de desenvolvimento e validação estabelecidos pela Sociedade Americana de Psicologia.[1]

O que é a Avaliação da Inteligência Emocional?

Trata-se de um teste que mede o quociente de inteligência emocional (Q.E.) e fornece uma apreciação rápida, eficaz e intuitiva de suas quatro aptidões. Basta responder a 28 perguntas e um relatório com a avaliação completa da sua inteligência emocional é gerado, com indicações de pontos fortes e fracos e com as pontuações em cada aptidão. A avaliação ainda sugere a criação de um plano de ação, oferecendo algumas atividades interativas baseadas em trechos de filmes de Hollywood, de programas de TV e fatos históricos, para o treinamento do controle de objetivos, da autoconsciência, do gerenciamento de relacionamentos e da consciência social de cada pessoa.

A avaliação está disponível em três versões – a Me Edition (auto-avaliação), a Multi-Rater (MR) Edition (uma abordagem completa de colegas de trabalho, amigos ou da família) e a Team Edition (o Q.E. coletivo) –, mas apenas a Me Edition está disponível, em inglês, no site **www.eiquickbook.com**. A Editora Sextante fornecerá um código personalizado para quem quiser fazer o teste. Para solicitar seu código e obter mais informações, envie um e-mail para **atendimento@esextante.com.br** ou entre em contato pelo telefone 0800-22-6306.

Em que teoria da inteligência emocional essa avaliação é baseada?

A avaliação mede a inteligência emocional de acordo com o modelo de Daniel Goleman, apresentado em O *poder da inteligência emocional.*[2] Essa teoria baseia-se no princípio de que o Q.E. é constituído por quatro aptidões: autoconsciência, autocontrole, consciência social e administração de relacionamentos – todas elas atreladas à competência social e pessoal. O teste oferece uma classificação geral e pontuações específicas para as competências social e pessoal e também para cada uma das quatro habilidades. A profunda inter-relação entre as aptidões acaba tornando as notas alcançadas nos itens competência social e pessoal extremamente reveladoras[3] – verdadeiras manifestações intuitivas do Q.E. de cada um.

Os dados pessoais são mantidos em sigilo?

Sim. Todas as suas respostas ficarão armazenadas em servidores seguros, monitorados 24 horas por dia pela TalentSmart para garantir que seus resultados e opiniões não sejam acessados por outras pessoas.

O teste perde a validade?

Não. Uma vez realizado o teste, você tem acesso ilimitado aos resultados e pode conferi-los on-line a qualquer momento.

O teste se destina somente a situações profissionais?

As questões do teste avaliam sua inteligência emocional tanto em casa como no trabalho. Contudo, como muitas pessoas se comportam de forma diversa nesses ambientes, é importante escolher um dos dois antes de começar o teste e mantê-lo até o final do processo.

Por que foi escolhida uma escala de 0 a 100?

A escala de 100 pontos foi escolhida exatamente por ser amplamente conhecida e utilizada. A maioria das pessoas foi avaliada dessa forma ao longo de sua vida escolar, o que facilita a compreensão quando se compara uma nota 77 em uma habilidade e uma nota 93 em outra. Na medida em que não existe nenhum nível que possa ser considerado absoluto em inteligência emocional (suas aptidões podem ser desenvolvidas indefinidamente), quanto mais alta for sua pontuação, mais você estará usando suas habilidades de inteligência emocional.

Qual é a média-padrão de pontuação?

Os resultados na Avaliação da Inteligência Emocional são bem distribuídos, com uma média de 75 pontos. Isso significa que 68% das pessoas estarão na faixa entre 65 e 85 pontos, com poucos obtendo resultados muito próximos ao máximo ou ao mínimo na escala. Essa ressalva é importante porque esse tipo de gradação é diferente da escolar, em que o termo “médio” é visto negativamente. Pontuar na média nesse teste significa estar bem posicionado.

Essa avaliação é confiável?

Sim. A Avaliação da Inteligência Emocional é consistente, relevante e cumpre seu objetivo primordial, que é mensurar o Q.E. A confiabilidade da consistência interna é válida para as habilidades pontuadas na faixa de 85 a 91 pontos, que está acima do padrão de confiabilidade aceitável (a partir de 70 pontos). O melhor resultado para esse modelo de teste é quando a pontuação do Q.E. mostra um equilíbrio entre as competências social e pessoal. Nos estudos específicos para o desempenho profissional, o teste explica a variação que ocorre no desempenho de pessoas consideradas versáteis.[4] A Me Editon (auto-relatório) explica grande parte da variação no desempenho profissional e a Multi-Rater Edition (relatório 360°) analisa quase 60% desse desempenho. Uma análise comparando o resultado obtido por líderes no teste mostra que os que têm o maior Q.E. são 20% mais produtivos.

Como esse teste pode ser tão preciso com apenas 28 questões?

Testes de habilidade tendem a ser longos e cansativos, muitos deles ultrapassando 100 perguntas, o que os torna uma verdadeira batalha. Ao contrário da opinião corrente, acreditamos que esse fato se deve mais à subjetividade das questões do que à sua utilidade.[5]

Como as perguntas foram elaboradas?

Os experientes doutores Bradberry e Greaves usaram um processo interativo de perguntas-teste para desenvolver um conjunto de perguntas para cada uma das quatro aptidões da inteligência emocional. Isso os levou a questionar se elas eram realmente "necessárias e suficientes" – enfim, essenciais para medir e avaliar as habilidades de Q.E. Depois dessa fase, o questionário foi avaliado criticamente por outros especialistas no assunto, que sugeriram a remoção de algumas perguntas por falta de relevância ou por não contribuírem em termos estatísticos. A abordagem do Dr. Bradberry e do Dr. Greaves oscila entre a busca do aperfeiçoamento de dois inconvenientes importantes que a pura descrição comportamental apresenta. As perguntas não se propõem a medir *cada* exemplo de comportamento que define uma habilidade. Essa redundância é evitada pela descrição de características que indicam a presença de cada habilidade.

Qual é o critério de pontuação?

Demonstrações padronizadas são modelos descritivos com os quais as pessoas podem comparar seus resultados.[6] O teste baseia-se na pontuação de milhares de outros participantes, ou seja, homens e mulheres entre 18 e 80 anos que trabalham nas mais diversas áreas.

Por que o e-learning está incluído no teste?

Saber apenas qual é sua pontuação não é o bastante se você deseja desenvolver uma habilidade nova e dinâmica tal como a inteligência emocional. O *e-learning* é um instrumento de aprendizagem que permite observar suas habilidades em ação, o que aumentará sua motivação para aprendê-las.

A Avaliação da Inteligência Emocional pode ser usada para a seleção de pessoal?

Embora seja um instrumento de avaliação válido e confiável de inteligência emocional, o teste não foi elaborado com a intenção de ser usado na seleção de profissionais. A TalentSmart não promove, recomenda ou apóia esse tipo de uso, pois o teste é um instrumento de treinamento e de desenvolvimento que tem o objetivo de expandir as aptidões de inteligência emocional da equipe que já está contratada.

Notas

1. A descoberta

1. Dr. John Harlow (1848), "Passage of an Iron Rod Through the Head", *Boston Medical and Surgical Journal* 39, p. 506-507; Dr. John Harlow (1868), "Recovery from the Passage of an Iron Bar Through the Head", *Publications of the Massachusetts Medical Society* 2.
2. Provérbios, 6: 14-16; Epístola de Paulo aos Colossenses, 3, e Primeira Epístola de Pedro, 1; Aristóteles, *The Nicomachean Ethics*; John Cooper *et al.*, *The Complete Works of Plato* (Indianópolis, Ind.: Hacket, 1997); William Shakespeare, *The Oxford Shakespeare: The Complete Works* (Nova York: Oxford University Press, 1966). Re Thomas Jefferson: **http://etext.virginia.edu/fjefferson/quotation/ jeff0200.htm**.
3. W. L. Payne (1998), "A Study of Emotion: Developing Emotional Intelligence: Self Integration; Relating to Fear, Pain and Desire", tese de doutorado, Union Institute, Cincinnati, Ohio.
4. Jack Mayer *et al.* (1990), "Perceiving Affective Content in Ambiguous Visual Stimuli: A Component of Emotional Intelligence", *Journal of Personality Assessment* 54, p. 772-781; Jack Mayer e Peter Salovey (1993), "The Intelligence of Emotional Intelligence", *Intelligence* 17, p. 433-442; Jack Mayer e A. Stevens (1994), "An Emerging Understanding of the Reflective (Meta) Experience of Mood", *Journal of Research in Personality* 28, p. 351-373.
5. O modelo de inteligência emocional de Goleman, Boyatzis e McKee em *Primal Leadership: Realizing the Power of Emotional Intelligence* (Boston: Harvard Business School Press, 2002) que agrupa as quatro aptidões (autoconsciência, autocontrole, consciência social e administração de relacionamentos) em categorias maiores de competência pessoal e social. Nossa pesquisa confirma que as competências social e pessoal dividem com precisão a inteligência emocional em partes.

2. *Emoções intensas*

1. Mike Lancaster (1998), "Fox Pulls Plug on Ailing 'Magic Hour': Johnson Sent to Showers After Meager Eight-Week Run", **www.thestinkers.com/Philadelphia** Newspapers, Inc.
2. Dr. Joseph Ciarrochi *et al.* (2002), "Emotional Intelligence Moderates the Relationship Between Stress and Mental Health", *Personality and Individual Differences* 33, p. 197-209; Dennis R. Trinidad (2002), "The Association Between Emotional Intelligence and Early Adolescent Tobacco and Alcohol Use", *Personality and Individual Differences* 32, p. 95-105.
3. "Study Ties Stress to Breast Cancer", *Discovery Health News* (2003), disponível no site **www.hon.ch/NewsHSN/515236.html**.
4. American Heart Association (2004), "New Stats Show Heart Disease Still American's n.º 1 Killer, Stroke n.º 3", *Heart Disease and Stroke Statistics*.
5. Bishop *et al.* (2002), "AHA Scientific Sessions, Chicago", *Archives of General Psychiatry* 50, p. 681-689; B. Anderson *et al.* (2004), "Psychological, Behavioral and Immune Changes After a Psychological Intervention: A Clinical Trial", *Journal of Clinical Oncology* 22, p. 3.570-3.580.
6. B. A. van der Kolk (1994), "The Body Keeps the Score: Memory and the Emerging Psychobiology of Post Traumatic Stress", *Harvard Review of Psychiatry* 1, p. 253-265; B. A. van der Kolk *et al.* (1996), "Dissociation, Somatization, and Affect Dysregulation: The Complexity of Adaptation of Trauma", *American Journal of Psychiatry* 153, p. 83-93.
7. Neil M. Ashkanasy (2001), "The Case for Emotional Intelligence in Workgroups", apresentado no congresso anual da Society for Industrial and Organizational Psychology; Peter Jordan *et al.* (2003), "The Case for Emotional Intelligence in Organizational Research", *Academy of Management Review* 28, p. 195-197.

4. *Questões-chave*

1. Francis Hesselbein *et al.* (1997), *The Leader of the Future*.

5. *Mude sua mente*

1. T. P. Pons *et al.* (1991), "Massive Cortical Reorganization After Sen-

sory Deafferentation in Adult Macaques", *Science* 252, p. 1.858-1.859; N. Jain (1997), "Deactivation and Reactivation of Somatosensory Cortex Is Accompanied by Reductions in GABA Stryaining", *Somatosensory & Motor Research* 8, p. 347-354; D. Borsook *et al.* (1998), "Acute Plasticity in the Human Somatosensory Cortex Following Amputation", *NeuroReport*, p. 1.013-1.017.

2. Richard Boyatzis *et al.* (1995), "Will It Make a Difference? Assessing a Value-Added, Outcome-Oriented, Competency-Based Professional Program", em *Innovation in Professional Education: Steps on a Journey from Teaching to Learning*, p. 167-202.

6. *Desenvolvendo suas habilidades*

1. As reflexões de Ray Charles sobre sua vida e realizações são encontradas no website: **www.raycharles.com/autobio.htm**.
2. Ibid.
3. Peter Druker (1999), "Managing Oneself", *The Harvard Business Review,* p. 66-67.
4. Quadro de emoções reproduzido e adaptado com permissão de Julia West no site **www.sff.net/people/julia.west/CALLIHOO/dtbb/feelings.htm**.
5. O. Ayduk and W. Mischel (2002), "When Smart People Can Behave Stupidly: Reconciling Inconsistencies in Social-Emotional Intelligence", em *Why Smart People Can Be So Stupid*, editado por Robert J. Sternberg (Yale University Press).
6. R. D. Grainger (1991), "The Use and Abuse of Negative Thinking", *American Journal of Nursing* 91, p. 13-14.

7. *Usando a inteligência emocional no trabalho*

1. Joseph L. Badaracco, Jr. (1997), *Defining Moments: When Managers Must Choose Between Right and Right* (Harvard Business School Press).
2. Um relato detalhado sobre tomada de decisão está catalogado no Relatório da Comissão de Investigação do Acidente da *Columbia* da Nasa, vol. 1, agosto de 2003, capítulo 8, "History as Cause: *Columbia* and *Challenger*", p. 195-204.
3. Roger Boisjoly, "Roger Boisjoly and the *Challenger* Disaster", Centro de Ética On-line para Engenharia e Ciência, Case Western Reserve University: **www.onlineethics.org/moral/boisjoly/RB1-6.html**.

4. Vanessa Urch Druskat e Steven B. Wolff (2001), "Building the Emotional Intelligence of Groups", *The Harvard Business Review,* p. 79-90.
5. Neil M. Ashkanasy (2001), "The Case for Emotional Intelligence in Workgroups", simpósio apresentado no congresso anual da Society for Industrial and Organizational Psychology.
6. *Pressures on the System, Report of the Presidential Commission on the Space Shuttle Challenger Accident*, v. 1 (U.S. Government Printing Office, 1986), p. 171-173.
7. Ashkanasy, "The Case for Emotional Intelligence in Workgroups".

8. *Usando a inteligência emocional em casa*

1. John Gottman e Robert W. Levenson (1999), "Rebound from Marital Conflict and Divorce Prediction", *Family Process* 38, p. 287-292; John Gottman e Robert W. Levenson (2002), "A Two-Factor Model for Predicting When a Couple Will Divorce: Exploratory Analyses Using 14-Year Longitudinal Data", *Family Process* 41, p. 83-96.
2. Nancy Krulik (2000), *Fun and Funnier: Jim Carrey.*
3. John Gottman (1997), *Raising an Emotionally Intelligent Child.*

Apêndice: O passo-a-passo da Avaliação da Inteligência Emocional

1. Os padrões de desenvolvimento e validação estabelecidos pela American Psychological Association podem ser encontrados no *Standards for Educational and Psychological Testing* (1999), da American Psychological Association.
2. D. Goleman, R. Boyatsis e A. McKee (2002), *Primal Leadership* (Harvard Business School Publishing).
3. T. Bradberry e J. Greaves (2002), *The Emotional Intelligence Appraisal™ Technical Manual,* disponível no site **www.TalentSmart.com/learn**.
4. P. B. Sheatsley (1983), "Questionnaire Construction and Item Writing", em *Handbook of Survey Research*, editado por P. H. Rossi, J. D. Wright e A. B. Anderson, p. 195-230.
5. R. B. Catell (1966), "The Scree Test for Numbers of Factors", *Multivariate Behavioral Research* 1, p. 245-276; H. Kaiser (1970), "A Second Generation Little Jiffy", *Psychometrika* 35, p. 401-415; M. S. Bartlett (1954), "A Note on Multiplying Factors for Various Chi-

Square Approximations", *Journal of the Royal Statistical Society* 16 (Series B), p. 296-298.

6. G. W. Morris e M. A. Lo Verde (1993), "Consortium Surveys", em *Improving Organizational Surveys: New Directions, Methods, and Applications*, editado por P. Rosenfeld, J. E. Edwards e M. D. Thomas, p. 122-142.

Perguntas para discussão

Uma discussão sobre inteligência emocional ajuda a preencher a lacuna entre o aprender e o fazer. Utilize essas questões para iniciar um diálogo significativo e compreender como as quatro aptidões do Q.E. são postas em prática na vida diária. Para mais informações, visite o site www.EIQuickbook.com.

1. *Quantos participantes do grupo conheciam o termo "inteligência emocional" antes de ler* Desenvolva a sua inteligência emocional?

2. *Para você que nunca tinha ouvido falar de inteligência emocional antes, qual foi a coisa mais importante que você descobriu depois de ler* Desenvolva a sua inteligência emocional?

3. *Para você que já está familiarizado com o tema, qual foi a maior contribuição do livro?*

4. *Qual é a história descrita no livro mais significativa para você? Por quê?*

5. *Cite uma história pessoal que ilustre um componente importante da inteligência emocional.*

6. *Você agiria de outro modo se passasse por aquela situação novamente?*

7. *Quais são as aptidões da inteligência emocional (autoconsciência, autocontrole, consciência social e administração de relacionamentos) que você considera mais fáceis? Qual delas, na sua opinião, requer mais esforço?*

Para os grupos que decidirem fazer o teste de Avaliação da Inteligência Emocional on-line antecipadamente, os resultados podem ser discutidos da seguinte forma:

8. *Em qual habilidade você obteve a maior pontuação?*

9. *A sua maior pontuação foi muito mais alta ou acompanhou o padrão dos demais?*

10. *Analisando seu processo de crescimento, qual foi a experiência mais marcante depois que você aprendeu a reconhecer e controlar suas próprias emoções? E depois que aprendeu a identificar os sentimentos e as emoções alheios?*

11. *Descreva uma situação em que você se sentiu dominado pelas emoções. O que provocou esses sentimentos? Você tem alguma reação física quando se sente assim?*

12. *Rememorando esse fato, como se sente a respeito dele neste momento? Qual foi a conseqüência de sua reação emocional?*

13. *Quais foram as duas lições que você aprendeu e que vai tentar aplicar depois de ler* Desenvolva a sua inteligência emocional?

14. *O que torna a prática das habilidades de inteligência emocional um desafio maior para você?*

15. *Diga o que você gostaria de saber a respeito do modo como as outras pessoas do grupo:*
    - Trabalham para se tornar mais conscientes.
    - Adquirem autocontrole.
    - Interpretam os sentimentos e as emoções de outras pessoas.
    - Lidam com relacionamentos.

16. *Como você lida com as emoções no seu trabalho? Há algum aspecto abordado no livro que ajudará você nos próximos seis meses? E na próxima semana?*

17. *É possível identificar as aptidões da inteligência emocional nos dias de hoje? Discuta o comportamento de políticos, celebridades, atletas, etc.*

18. *Cite personagens ou acontecimentos históricos que tenham sido influenciados por um ineficiente ou um excelente gerenciamento de emoções.*

19. *Pense no professor que mais o influenciou. Como ele lidava com as emoções?*

Agradecimentos

Grande parte da pesquisa na qual este livro se baseia é resultado de um enorme esforço feito pelo brilhante grupo de cientistas behavioristas do TalentSmart, entre eles Jean Riley, Quinn Sanders, Lac Su e April West. Agradeço a Shauna Tillman-Mangan, pela dedicação e atuação como relações-públicas deste livro, e ao programador Les Brown, por sua habilidade, perseverança e capacidade de liderança.

Guardo um enorme sentimento de gratidão às nossas editoras Nancy Hancock, Sarah Peach, Lisa Sciambra e à equipe da Simon & Schuster, por se envolverem nesse projeto. Recebemos inestimáveis feedbacks durante a produção do manuscrito e desejaríamos agradecer às seguintes pessoas: Paul Brooks, Lilia Corpuz, Mark Greaves, Joyce Haak, Richard La China, Greg Olmstead, Giles Raymond, Antoinette Thomas e Diane Wolfe. Muitíssimo obrigado a Dawn Sanders, da Urban-Digital.com, pela criação das ilustrações maravilhosas deste livro.

Gostaríamos de agradecer também àqueles que nos antecederam nesse campo. Estamos orgulhosos de fazer parte da comunidade da inteligência emocional. Agradecemos a Daniel Goleman, pelo seu modelo de inteligência emocional de tão alto nível. E a Peter Salovey, não somente um praticante notável, mas também o exemplo típico da melhor inteligência emocional. Obrigado a todos os clientes do TalentSmart e também ao grande número de pessoas que participaram da nossa pesquisa ao longo da última década.

Mantenha seu cérebro vivo

LAWRENCE KATZ E MANNING RUBIN

Com mais de 100.000 exemplares vendidos no Brasil, esse livro apresenta a Neuróbica, um extraordinário programa de exercícios para melhorar a capacidade cerebral baseado nas últimas pesquisas da neurociência.

Diferente de jogos para a memória, quebra-cabeças e palavras cruzadas, a Neuróbica usa combinações dos cinco sentidos e baseia-se em atividades simples e divertidas que podem ser realizadas a qualquer hora. O resultado é uma mente mais sadia e capaz de enfrentar qualquer desafio em todos os setores de sua vida.

A fórmula da felicidade

STEFAN KLEIN

Será possível pesquisar cientificamente a felicidade? As neurociências não apenas provam que sim como garantem: podemos aprender a ser felizes. O cérebro humano possui um sistema específico para isso.

Esse livro apresenta as mais recentes descobertas realizadas nessa área graças à moderna tecnologia do século XXI e ao trabalho de cientistas, médicos, fisiologistas, psicólogos e especialistas em comportamento. Existe uma fórmula da felicidade para cada um de nós, e o autoconhecimento é a chave para conquistá-la.

Fique mais jovem a cada ano

CHRIS CROWLEY E HENRY S. LODGE

Você está prestes a conhecer uma abordagem científica inovadora sobre como homens de 50 anos – e até mais velhos – podem se tornar funcionalmente mais jovens em 5 ou 10 anos e permanecer saudáveis e em plena forma física e mental pelo resto da vida.

Numa linguagem clara e bem-humorada, os autores mostram que uma mudança no estilo de vida permite eliminar 70% das limitações usuais associadas ao envelhecimento (dores, fraqueza e apatia) e diminuir em 50% o risco de contrair doenças e sofrer ferimentos na terceira idade.

Por que os homens fazem sexo e as mulheres fazem amor?

ALLAN E BARBARA PEASE

Homens e mulheres são e reagem de forma diferente, o que torna seu convívio difícil, muitas vezes áspero e gerador de ressentimentos. Mas quais são as razões dessas diferenças e até que ponto elas podem ser superadas? Como aprender a lidar com elas e administrá-las para sermos felizes em nossos relacionamentos?

Com base em anos de pesquisa, os autores escreveram um livro sobre essas diferenças e o resultado é um importante instrumento para estabelecer uma relação harmoniosa entre o relacionamento com o outro sexo, seja no casamento, na vida profissional, na educação dos filhos ou em qualquer campo do relacionamento humano.

O poder da amizade

TOM RATH

Coordenador de pesquisas do Instituto Gallup, Tom Rath resolveu estudar o impacto das amizades em nossas vidas. Com a ajuda de pesquisadores, conduziu experimentos, analisou mais de 8 milhões de entrevistas e transformou uma montanha de informações em um livro revelador e gostoso de ler.

O poder da amizade demonstra que, além de aumentar nossa satisfação com a vida, os amigos melhoram nossa saúde, curam a depressão e têm um papel fundamental nos períodos de estresse, funcionando como amortecedores.

O poder da paciência

M. J. RYAN

Em *O poder da paciência*, você encontrará várias dicas para diminuir o ritmo, relaxar e encarar a rotina de uma forma mais tranqüila. A paciência nos ajuda a aproveitar ao máximo nossos talentos, a administrar a raiva, a crescer no amor e a usufruir o prazer de cada momento.

Cheio de citações e histórias inspiradoras, o livro mostra que a paciência é um hábito e, como tal, deve ser cultivado e exercitado. Só ela é capaz de nos colocar em sintonia com a natureza, conectados ao momento presente e mais focados em nossos desejos.

Cultivando a saúde do corpo e da mente

"Se você deseja investir na sua saúde, as meditações desse livro e do CD que o acompanha irão tornar sua vida e seu corpo íntegros. Eu sei que você tem, dentro de si, tudo de que precisa para conseguir isso.

Quando você começar a compreender o processo que leva à saúde ou à doença, será capaz de assumir o controle consciente das mudanças que deseja fazer. Esse é um processo muito emocionante que vai se tornar uma das aventuras mais felizes da sua vida."

LOUISE HAY

Aprendendo a gostar de si mesmo

LOUISE HAY

"Amar a nós mesmos parece simples, mas às vezes é muito difícil. Eu gostaria de ensinar algumas maneiras que descobri para aprendermos a nos amar melhor. E quero insistir carinhosamente para que vocês as pratiquem sempre, porque as mudanças que elas podem proporcionar são impressionantes.

O amor é respeitoso, generoso, solidário e cheio de compaixão. Quem ama a si mesmo entra em sintonia com o universo no que ele tem de melhor, e tudo flui em sua vida."

LOUISE HAY

Conheça os 30 clássicos da Editora Sextante

O Código Da Vinci, *Anjos e Demônios* e *Fortaleza Digital*, de Dan Brown

Pais brilhantes, professores fascinantes, *Nunca desista de seus sonhos* e *Você é insubstituível*, de Augusto Cury

O monge e o executivo, de James C. Hunter

Um dia "daqueles", *O sentido da vida* e *Querida mamãe, obrigado por tudo*, de Bradley Trevor Greive

Por que os homens fazem sexo e as mulheres fazem amor?, de Allan e Barbara Pease

Os 100 segredos das pessoas felizes e *Os 100 segredos das pessoas de sucesso*, de David Niven

Enquanto o amor não vem, de Iyanla Vanzant

A última grande lição e *As cinco pessoas que você encontra no céu*, de Mitch Albom

A Dieta de South Beach, de Arthur Agatston

O ócio criativo, de Domenico De Masi

Não leve a vida tão a sério, de Hugh Prather

O Poder do Agora, de Eckhart Tolle

A vida é bela, de Dominique Glocheux

Palavras de sabedoria e *O caminho da tranqüilidade*, de Sua Santidade, o Dalai-Lama

Muitas vidas, muitos mestres e *Só o amor é real*, de Brian Weiss

Histórias para aquecer o coração, de Jack Canfield e Mark V. Hansen

Conversando com os espíritos, de James Van Praagh

Aprendendo a gostar de si mesmo, de Louise Hay

Mantenha o seu cérebro vivo, de Lawrence Katz e Manning Rubin

Aprendendo a silenciar a mente, de Osho

Informações sobre os próximos lançamentos

Para receber informações sobre os lançamentos da EDITORA SEXTANTE, basta cadastrar-se diretamente no site www.sextante.com.br

Para saber mais sobre nossos títulos e autores, e enviar seus comentários sobre este livro, visite o nosso site www.sextante.com.br ou mande um e-mail para atendimento@esextante.com.br

EDITORA SEXTANTE
Rua Voluntários da Pátria, 45 / 1.404 – Botafogo
Rio de Janeiro – RJ – 22270-000 – Brasil
Telefone (21) 2286-9944 – Fax (21) 2286-9244
E-mail: atendimento@esextante.com.br